INTRAPRENEURS

リアル企業内イノベーター

革新を成功につなげるエコシステム

東京大学大学院特任教授
半田純一
【編著】

日本経済新聞出版

目次

序章　必要なのは日本に適したイノベーターづくり

物語編

提言編

第1章 企業内イノベーションを起こすのはどのような人物か

第2章 企業内イノベーションを起こすのに不可欠な「4枚のカード」

装丁・竹内雄二

序章

必要なのは日本に適したイノベーターづくり

企業内イノベーターに日本の未来を託す

イノベーションが企業や社会の発展に欠かせない力であることは広く理解されている。そして、イノベーションをもたらす要因は、国や地域の経済社会的インフラやそこで活動する人々に共有されている価値観、それが定着した文化にまで掘り下げることができる。政策や軍事的配慮、さらには偶然も手伝っての歴史的なめぐりあわせも強く影響してきただろう。

そして、イノベーションを考える際に忘れてならないのは、人材や組織である。いったい誰がイノベーションを引き起こし、そうした人材や組織は何が際立っていたがゆえにイノベーターとなれたのであろうか。そうした際立ったものはどうすれば獲得・再現可能となり、継続的なイノベーターの輩出を期待することができるようになるのであろうか。

われわれは日ごろから多くの企業経営者の方々と広範な意見交換の機会を持たせていただいている。また、様々な角度からの企業経営の調査・分析を続けてきている。多くの日本企業の経営者にとっても、いかに継続的にイノベーターを輩出しイノベーションを続けてゆくかは最も重要な経営上のアジエンダ、つまり熟考し答えを求めるべき課題の一つであることは、繰り返し強調されている。

では、シリコンバレーのような突出したイノベーターの集合体（地理的な地域であり、かつ人々のネットワークでもある）を日本国内に再現することが、答えとなるのであろうか。中国の深圳周辺地域や欧州の一部の国などが追いかけているようなこうしたアプローチは、日本にとって現実的な答えとなるのであろうか。少なくとも筆者にはそうは見えていない。

本書の実証研究の中心を（大）企業におけるイノベーションに置いたのは、日本のイノベーションを考えるうえでの経済社会的基盤が米国などのそれとはまったく異なっているからだ。特に米国では、シリコンバレーを典型例として、大企業におけるイノベーション活動の一定割合を「外部化」し、つまり優れた起業家に任せたうえでその成果を買い取るといったサイクルが存在している。

こうしたモデルが国としての競争力を長期的に高めるアプローチとして有効に機能する場合があることは、ここで改めてシリコンバレーの歴史を語るまでもなく、繰り返し指摘されてきた（Saxenian：1994, Senor&Singer：2008, Piscione：2013、岸本：2018ほか）。

それゆえに、日本も含め世界のいくつもの国がこのモデルを自国のなかに再現しようと躍起になってきた。それらに伴って、米国を中心に起業家についての研究が盛んなのは当然で、日本でも起業家育成と銘打った活動が近年盛んになっている。

ただ、日本の場合、こうした「外部化」モデルをイノベーションの取り組みの中心に置くことにはいささか無理があると筆者は考えている。日本の場合はやはり、その経済社会的基盤の性格から、あるいはまたその歴史的成り立ちからまずもって（大）企業がそのイノベーションの力をさらに高めてゆくことが必須とされるのではないか。

ひとことで言えば、日本のイノベーションの力は起業よりも企業にあるとわれわれは考えている。それゆえに、日本においては、イノベーターの継続的輩出のためには、米国での研究によるものとは異なったフレームワークや具体的指針が必要ではないか。そしてその対象の中心こそが、企業におけるイノベーションの担い手、すなわち、企業内イノベーターにあるだろう。

本書は、こうした認識をベースとして、研究の対象を企業内のイノベーション活動を担ってきた人材や組織的文脈に置き、現実的に可能な限り実証的手法を使いながら、実務的に「役立つ」ための提言を導き出すことに挑戦している。

実証的な調査は「提言編」で詳しく紹介するが、東京大学大学院経済学研究科と日本の著名企業の共同研究体である「イノベーターズ・コンソーシアム」に参加いただいた企業を基盤として行った。準備段階も含め、足掛け4年強かけて合計15社の方々に調査や分析に力を貸していただいた。特に「物語編」で登場していただく「リアル」企業内イノベーターの方々には、生い立ちからイノベーション完遂に至るまでの詳細な自叙伝を語っていただいた。いずれも希少にして貴重なものである。

企業内イノベーターと起業家

イノベーションに関する研究領域は広い。また、世界的に著名な学者や研究者も少なくない。なかでも、イノベーションの「理論」(この分野において常に適用可能な法則や定理のようなものが存在するのかどうか、筆者は若干懐疑的ではあるが)や、クリエイティブな思考法やイノベーションにとって重要なスキルやその取得法について論じたものは多い。なかには、あたかも「誰でもイノベーターになれる」とでも言いたげな研究もある。

その一方で、人物や人材そのものに焦点を合わせた実証的研究など、イノベーションを担う「人」に焦点を合わせた研究はそう多くはない。当然それには理由がある。特に企業内イノベーターの場合、研究対象となる人物にアクセスすることが簡単ではない。また、仮にアクセスできたところで、相互に独立性の高いデータ（イノベーターのプロファイル）を集めるのにも苦労する。

したがって、多くの研究において、企業内イノベーターについての「考え方」や「こうあるべきだ」といった議論は行われるものの、イノベーター人材を「つくる」ための現実的で具体的なヒントを提示しているものはむしろ珍しい。

つまり、辛らつな言い方をすれば、企業経営者の視点で見ると「それほど役に立たない」ものが多かったのではないだろうか。この本はそこに実証的に切り込むことに挑戦している。

では、そもそもイノベーションをどう定義すべきであろう。この本ではイノベーションを「新しいアイデア（技術、ビジネスモデルなど）による画期的な価値創出」とした。

イノベーションを技術革新と訳する弊害はよく指摘されている。たしかに技術はイノベーションに貢献する非常に大事な要素の一つである。ただ、技術がすべてではない。画期的な技術的革新を伴わなければイノベーションではないとする見方が、今日的には日本企業のイノベーションの力をむしろ制約しているとさえ考えられる（藤本、半田：２０１９）。

こうした理解をベースに、イノベーションが育まれるプロセスの全体像を図表1に表してみた。イ

図表1　イノベーションが生み出されるプロセスの全体像

次のようなフレームワークで、イノベーションが生まれる過程の全体像の理解のもとに企業内イノベーター人物像をとらえる

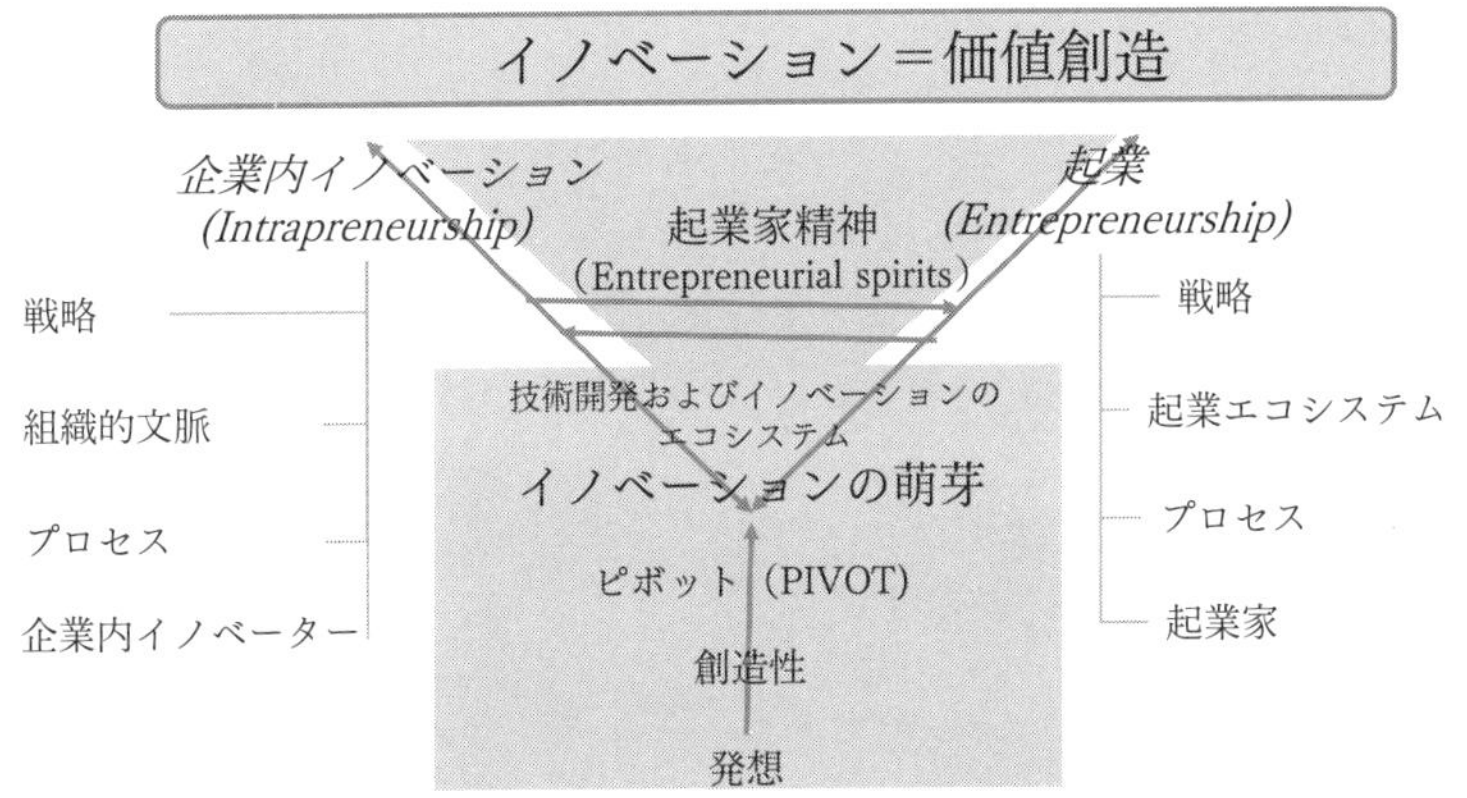

出典）Matthews, C.H. and Brueggemann, R.(2015), *Innovation and Entrepreneurship A competency Framework*, Routledge Suna Lowe Nielsen, Kim Klyver, Majbritt Rostgaard Evald and Torben Bager(2017) *Entrepreneurship in Theory and Practice –Paradox in Play second edition*, Edward Elger, Cheltenham, UK. Northampton, MA, USA などより編著者作成

ノベーションには、そのもととなる「革新的なアイデア」が存在する。その「種」を、この図表ではイノベーションの萌芽(Infant Innovation) と名付けた。

ここには通常インベンション(Invention) と呼ばれる発明や発見といった「技術」も含まれるが、前述のようにそれだけではない。この「種」をより効率的に生み出す環境を、イノベーションのエコシステムと呼んでもよかろう。

そしてここでは、その種を企業の内で育ててゆくルートを企業内イノベーション(Intrapreneurship) と呼び、企業の外で育ててゆくルートを起業 (Entrepreneurship) ととらえている。両者はともに起業家精神(Entrepreneurial Spirits) を基盤としているが、その人材プロファイル、プロセス、組織的条件などはそれぞれに特徴があり、

共通している部分とそうでない部分がある。

これらのなかで、本書は主に企業内イノベーションの担い手（「主役」）である企業内イノベーター（Intrapreneurs）とその育成を中心としており、さらには企業内イノベーションをとりまくプロセスや組織的条件にも言及している。

このフレームワークに従って企業内イノベーターのプロファイルの理解を進めるために、まず比較的イメージしやすいと考えられる起業家（Entrepreneurs）と対比することから始めてみよう。起業家についての研究のいくつかを取り上げて、典型的な起業家像をつくってみよう。

起業家に共通の資質は、「リスクをとることが好きである」「とにかくやってみせることへのこだわりが強烈にある」「管理されることを嫌う」「自分がコントロールできているという自己効力感を持つ」「自分の影響力に対する自信がある」と言われる。落とし穴となる側面も含め、認知的特性として「楽観的である」「少ないサンプルをもとに一般化しようとする」「直感で行動する」ことを指摘する研究もある（Shane：2003、Vecchio：2003など）。これらの研究は、起業家に特徴的な資質を指摘したものだが、いずれも生まれ持った、もしくは若いうちに（遅くとも30代半ばまでに）形成された性格的な傾向である。これらは、その後はあまり変わることなく維持されるとされる。したがって、これらだけでは、人材育成の可能性を具体的に探るための情報としては十分とはいえないだろう。

起業家に特徴的な行動や思考を形成するスキルに焦点を当ててその特徴を示すこともある。これらは、前記の資質とは異なり、開発可能なものとして提示されることが多い。

例えば、クリステンセンは、起業家に特徴的なスキルを分析し、「発見力」および「一見関係ないようなものを結びつけるスキル」が重要であるという主張をしている。

彼は、こうしたイノベーションを引き起こすスキルや能力は6割程度が学習を通じて習得できるとよく言われているとし、さらにスキルの要素を分解して「質問力」「観察力」「ネットワーク力」「実験力」が揃うと様々なアイデアが蓄積され、それらが結びついて、「発見力」および「一見関係ないようなものを結びつけるスキル」が醸成されていくと論じている。ただし、この一連のスキル開発の前提条件として、現状にチャレンジするメンタリティやリスクをとるという資質を持ち合わせていることが必要としており、概ね前述の資質論のうえに成り立っているととらえることもできるだろう。

また、クリステンセンは、大企業でイノベーションを起こすためには発見力だけでなく実行力も必要であると主張している。彼の主要な論点からするとこの点はあまり重要視されていないようにも見えるが、後述するように企業のなかで組織を動かし物事を成し遂げるためには欠くことのできない要素である。彼はここでの実行力を「分析力」や「論理性」に分解して説明しているが、現実に組織や多くの関連した人々を動員することができる人物像を考えてみると、それだけではやや物足りないだろう（Christensen：2011 ほか）。

こうして、起業家の資質、認知的特性、行動的特特性、スキルが指摘されているわけだが、こうした起業家がどのようにつくられるかという視点での研究もある。それによると、このプロセスが備えるべき主な条件としては、「(本人の）能力」「モチベーション」「それを活かす機会」である。これらを満足させてゆくステップを踏ませることが重要と論ずる。

潜在的に能力をもつ人材がいたとしても、これらのステップが整っていなければ起業家は出てこない。本人の能力を引き出し、起業家となるべくモチベーションを高め、そして実際に起業する機会を提供する。こうしたステップを踏めるような経済社会的仕組みや環境が重要と指摘しているのである（Fayolle：2003 ほか）。

また、今日的にはますますそうであるが、起業のために必要なコンピタンシーのすべてを1人で持つのは難しい。優れたチームが必要となる。コンピタンシーをすべて満たせるようなチームをつくる能力が起業家にますます求められるようになってきている点も、重要だろう（Matthews and Brueggemann：2015）。

あるベンチャーキャピタル（VC）の責任者は、投資先の選定の際に最も重視する基準の一つとして「（創業の技術を持っている人物が）自分より優秀な社長（経営者）を雇うことができる人格や力量があるかどうか」と表現していた。

後に詳述するが、企業内のイノベーターについても、類似のことは言えるだろう。企業のなかに潜在的に素質を備えた人物は存在すると考えられるが、企業には、彼ら・彼女らを「覚醒・開花」させる仕組みとプロセスが不可欠である。特定の個人による孤軍奮闘は決して企業内イノベーションを成功に導く道ではない。

一方、起業家研究に比べると企業内イノベーターに関する研究はそう多くはない。そこで述べられていることをいくつか取り上げてみよう。

企業内イノベーターの特徴は、資質として「好奇心」「経験にもとづく直感的思考」「創造力」「システム思考」などが挙げられている。ものの見方や姿勢は「観察者であると同時に学習者」「収益に

図表2　企業内イノベーターと起業家の資質比較

	企業内イノベーター	起業家
独自の特性	・会社へのインパクトの理解 ・実行力との補完的関係の構築 ・組織内の「政治的」スキル ・自らの感情のコントロール ・収益への強い意識 ・共通善の追求 ・リスクの選別能力	・自由度の追求、管理の忌避 ・自らの力への（ときとして過剰な）自信 ・ステークホルダー（特に資金の出し手）への訴求機会とスキル ・優れたチームづくり
共通するもの	・これまでやったことないことへの挑戦 ・(知的）好奇心 ・観察力、質問力 ・あきらめない心 ・具体的成果の追求 ・人とは違う考え方を求める ・リスクテイクに前向き ・創造力とシステム思考の両建て ・ネットワーク力 ・技術を目標達成のための（重要な）手段と考える	

出典）　諸研究資料より編著者作成

対する強い意識」「製品が会社に与えたインパクトを明確に把握」などが指摘されている。

モチベーションの源泉は、「日々の挑戦」「困難な課題」「これまで誰もやったことがないことに取り組む」などとしており、起業家の特徴と重なっているところと独自な部分とがあるようだ（Griffin, Abbie and others：2014）。感情や行動のコントロールがより上手くできるかどうかが起業家との大きな違いであるという主張もなされていた。

共通点と相違点を整理したものを図表2にまとめておこう。両者はともに起業家精神（Entrepreneurial Spirits）を持っている必要があるため、その点において両者に共通するものがあって当然ではある。

企業内イノベーターができあがっていくプロセスという視点での研究もある。前述の起業家のプロセスと類似してはいるが、特にその企業の組織特性と個人特性との両立が重要という指摘は、組織のなかで動く企業内イノベーター独自の考察と言えるだろう。企業内イノベーターに必要な経営資源が入手可能であることと、組織内の障害を乗り越える能力（と覚悟）の両方が備わっている必要性を指摘する（Hornsby and others：1993）。こうした側面をとらえて、企業内イノベーターには組織を相手にした「政治的な」スキルが求められると解説する研究もある（Oden：1997）。

ただ、ここでもすべてのプロセスの出発点として、個人としてのふさわしい特性（資質）が備わっていることが不可欠とする。そのうえで、企業内でイノベーターとしての活動を始める引き金となる事象があり、それによって決意と覚悟が生まれ、前述の組織特性と個人特性の両立が可能となる仕組みを備えている場合に企業内イノベーションの実行に至るというものである。

本研究が描きだした企業内イノベーターが活躍してゆくプロセスも概念的には類似してはいるが、本書ではより具体的な形にして提案としてまとめている。

日本企業の企業内イノベーターとはどのような存在か

では、今回の調査・分析でどのようなことが分かったのだろうか。あるいはどのような可能性を示唆しているのだろうか。

前述のように、企業内イノベーションは特定の個人が孤軍奮闘するものではないため、いかにして「優れた」つまり、ふさわしい資質を備えた個人を獲得・育成するかに加え、企業内イノベーターを活かすためにどのような組織的な仕組みやプロセスを備えるのがより効果的かが重要になってくる。

「イノベーターズ・コンソーシアム」を基盤とした調査・分析は、２期にわたって行った。第一期の調査分析は２０１８〜19年に行い、企業内イノベーターの特徴を明らかにするとともに、組織、あるいはチームとしてどのようにイノベーションに取り組んだかを調査・分析の設計の基本とした。

メンバー企業全社に各社でのイノベーション事例を選んでもらい、そこでの「主役」「脇役」は誰かを特定してもらった。そして、それぞれの方々について「どのような特徴を持った人物か（資質）」「どういう経験を積んできたか（経験値）」「どういう専門的な力をもって機会や役割を果たしたか（舞台設定）」といった大きく３つの視点から調査票や聞き取りによってデータを収集し、それらの分析を行った。

ご協力いただいたのは、コンソーシアム第一期（２０１７〜19年）の会員企業10社である。製造業が多くを占めるが、いずれも業界を代表する企業であり、世界一の事業を続けている企業も少なくない。これら10社から11の事例を提供していただいた。社名や事例を公開することをご了承いただけなかったものも含まれているので、調査対象となったイノベーションのカテゴリーを示すにとどめる。

すでに述べてきたように、この研究ではイノベーションを技術革新やそれに伴う新製品・サービスの開発に限定してはいない。いわゆるビジネスモデルの革新やマーケティングの革新といった、より本来的なイノベーションの定義に従って、ほぼ完全に相互に干渉したり影響したりしない独立事象と言える10社の事例を取り上げた。これらの事例に共通するものが見いだせれば、企業におけるイノベーションをリードできる人物像の有力な仮説として一般化のきっかけを提示できるものと考えている。

結論を多少先取りすると、これらの事例においてイノベーションを成し遂げた人物の間には、共通した人物像が浮かび上がってきた。また、その組織的な仕組みやプロセスについても、共通のアプローチがあることも見えてきた。

まず、企業内イノベーターの「資質」について見てみると、登場人物に共通点が多い。基本的に企業内外・国の違いを問わず、イノベーターを形づくる基盤が起業家精神であることを考えれば当然のことかもしれない。起業家精神の基盤を形成するうえでは、その個人の資質が決定的に重要だからだ。ただ、起業家精神自体は、イノベーターを形成するための必要条件ではあるが十分とは言えない。一定の資質を備えた人物がイノベーターとして「覚醒・成長」するためには、やはり経験が重要である。その経験値を蓄積するための「経験」については、海外にこの視点での研究がそう多くはないことも手伝って、企業内でのキャリア形成を前提として、いくつかの明確な特徴を見出すことができた。

また、企業内イノベーションがチームによる（長期間の）取り組みであることを考えると、その「主役」と「名脇役」の間では経験の内容が著しく異なり、前者については「リスクを取って新しいことに挑戦した経験」などが強調され、後者については「グローバルな水準で専門性を養う」ような、専門性を強める経験が強調されている。こうした点は、企業内イノベーターの育成の観点からはことさら重要である。

さらに、両者がイノベーションで果たした役割にも明確な分担が見られ、主役は「社内*（外）の多くの部署の統合と戦略的視点」、脇役については「当該専門分野での高度な専門性の提供」といった組み合わせが、うまくいった企業内イノベーションに共通のキャスティングとなっている。

もちろん課題もある。多くの日本企業のイノベーターは40～50代と「高齢」であるうえにＩＣＴを中心としたグローバルな人脈や技術・情報網につながっていない、との指摘が多くなされている。つまり、「よくウチをまとめるが、ソトとつながっていない」と表現できそうだ。今日的なイノベーションを考えると、これは決して看過できない課題だ。

＊ここで「外」を付け加えているのは、事例のなかに自社以外の関係者の協力をとり付けていったものが含まれていたことによる。

「4枚のカード」を揃えよう

もう一つの「発見」は、企業内イノベーションの組織的文脈についてであった。企業内イノベーションが「一匹狼的人物」によって完遂されるというイメージは必ずしも現実的ではない。われわれが調査対象とした、成功した企業内イノベーションには共通の組織的枠組みが存在した。それはわれわれが「4枚のカード」と呼んでいる4つの役割をすべて揃えていたことである。

4つの役割とは、①新しいアイデア（事業の「種」や技術など）をもたらす人、②そのアイデアの可能性を見抜き、戦略眼をもって実現のために社内（外）の資源を統合する（主役）、③イノベーションに向けた活動を専門性をもって支える（名脇役）、そして④イノベーションに向けた活動全体を守護する（ガーディアン＝守護者）の4つである。

一般的には、②の「主役」に脚光が当たりがちだが、われわれは企業内イノベーションにおけるガーディアンの存在にも注目している。詳細は後段に述べるが、うまくいった企業内イノベーションには必ずといってよいほど強力なガーディアンがいる。

守護者は、ともすると既存の事業からの攻撃の対象となる新しい試みを擁護し、必要な経営資源を調達し、イノベーターたちに自由度を確保する。もちろん、これができるのであるから経営レベルに近い人物であり、ときには主役と同等のあるいはそれ以上にリスクをとらなければならない。こうした人物（役割）の存在は、企業内イノベーションにとって不可欠とも言えるものであった。

ふさわしい資質を持った人材を確保し、それに必要な経験を積ませ、ふさわしい活躍の場と役割を与える。その活動を4枚のカードを揃えることで推進し、何年にもわたる企業内イノベーションの闘いを完遂する。これが、第1次調査から導かれた日本企業での企業内イノベーションの姿であった。

準備はできているか――イノベーター・プラットフォームへ

他方、残念ながら現在多くの日本企業においては、ここで明らかになってきた企業内イノベーションを成功に導く人材の獲得・育成やその活躍を促進する組織的仕組みが整備されているとは言えそうにないこともわかった。

そういう意味では、日本企業は自社の企業内イノベーターづくりをまだまだ強化する余地がある。別の言い方をすれば、今後、ここに提言としてまとめてみた新たなアプローチを具備してゆくことで、日本企業のイノベーションの力をさらに伸ばすことができるはずだと考えるに至った。

では、そうした優れた企業内イノベーターは一体どのようにして「造られる」のであろうか。この点を解き明かさなければ、多少なりとも「役に立つ」研究とは主張しにくい。

その生成・育成メカニズムを理解するためには、実際に当該企業（や社会）の発展に大きな貢献を果たしてきたイノベーションをやりとげた企業内イノベーターたちの「生い立ち」の深層を解き明かす必要がある。そうすることで初めて、具体的な企業内イノベーターの獲得・育成手段の重要なヒントが明らかになってゆくだろう。

そのような狙いをもって、第2次調査として2019年から20年にかけて、通常明らかにされにくい「リアル」企業内イノベーター自身についての「物語」を詳細に聞き取り調査などを行い、その分析を行った。

本書の「物語編」に登場する4人は、企業はもとより業界も異なり、お互いにまったく接点のない「独立した」対象である。そのなかから見えてきたものは、企業内イノベーターが育つ過程には重要な共通点がいくつかあること。例えば、何がイノベーターとしての「覚醒」を促すか、どのような段階や時間軸で考えればよいのか、などである。

また、それを現実の多くの日本企業での仕組みに当てはめたときに、既存の発想や仕組みでは必ずしも十分とは言えないことから、本書ではこの調査で得た示唆にもとづいて、より意図的に企業内イノベーターの育成をサポートする仕組みとして「イノベーター・プラットフォーム」を提案している。

第2次調査に全面的に協力していただいた企業内イノベーターは、これまで自社に（また、社会に）大きなインパクトをもたらしたイノベーションを成し遂げた次の4人だ。彼らはそれぞれ著名な日本企業に勤務し、画期的な企業内イノベーションをやり遂げた。次の「物語編」ではその代表的なイノベーションをもって4人を紹介する。4人の方々にはその「自叙伝」を公開することにも同意していただいた。そのインタビュー等の記録は全体で10数万字におよんだが、そのなかからここに個人情報とのぎりぎりのバランスをとった形で紹介できることとなった。

《独自の世界を描くアーティスト》

それまでの社会インフラの常識を大きく変える新しいインフラを実現するシステムを作り上げ、その後の当該分野におけるσ社の事業展開の新たな柱を打ち立てた。

《制御困難な大黒天》

成熟した既存の事業部門から自ら離れ、信念とエコシステム創造型事業のコンセプトをもとに新しい事業を次々と打ち立てて同社の新しい展開を強力に推進してきた。

《力まず時代を創るサイエンティスト》

それまで世界中の専門家たちが狙いつつも実現、事業化できなかった新製品の開発を画期的な手法を利用することで世界に先駆けて成し遂げ、同社のイメージリーダーの一つに仕立て上げた。

《主君不要の稀代の軍師》

それまで10数年間苦戦を強いられた事業において、市場についての深い洞察力と画期的なマーケティング手法の導入で同社の収益の柱となるまでの変革を短期間に実現した。

さて、これらの「猛者」たちは一体どのようにその「資質」をまとい、「経験値」を積み上げ、そして「主役」を全うしたのだろうか。この4人の物語を紹介することから本書を始めることとしよう。

物語編

一人2時間から4時間におよぶ長時間インタビュー調査などで聞かせていただいた主な項目は、①資質形成に強い影響を与えたことや人物、②企業に就職後に能力や姿勢に大きな影響を与えたことや人物、③イノベーションに挑戦するきっかけ、④リスクや失敗に対する認識、⑤達成感ややりがいについて、⑥「ガーディアン（守護者）」や「脇役」の存在と役割、⑦周囲からの認知や祝福、⑧自分の承継、ほか、である。

以下には、前出のポイントに沿った要約と、本人の了承のもとそのもとになった「自叙伝」を可能な限り詳細に記載してある。個人情報にも該当するような内容を多く含んでいるので、極力登場する個人や企業が特定できないように編集を試みている。また、同様の理由で、発言のすべてを記載するわけにはいかない点もご理解いただきたい。「物語要旨」のなかの太字部分は、筆者が特にキーワードと考える部分である。

また、筆者はすべてのインタビューを行っていることから、勝手ながらそれぞれの方々から受けた印象を端的に表す「ニックネーム」と、最後にそれぞれの方々についての「所感」を加えさせていただいている。その表現と内容は筆者のまったくの個人的な決めつけの部分を含んでいるものとしてお読みいただきたい。

1　独自の世界を描くアーティスト

物語要旨

〈主なイノベーション〉

それまでの社会インフラの常識を大きく変える新しいインフラを実現するシステムを作り上げ、その後の当該分野におけるσ社の事業展開の新たな柱を打ち立てた。

資質形成に強い影響を与えたこと

母子家庭の一人っ子。母親の帰りを待つ間ひとりで絵を描くのが好き。また、やはり一人っ子の近所の友達と二人で一枚の絵に複層的に絵を描くのが楽しみだった。写生ではなく**自分の世界**を描く。コンテストにも多く入賞。ただ、高校で技巧を習い技巧に走りはじめたら逆にダメになり、美大をあきらめる。やむなく入った大学で、コンピューターとプログラミングに出合い、**世界観を描く**という意味で絵と共通のものを感じた。美大をあきらめた悲壮感や挫折感はなかった。企業の創業者の本を多く読んだ。特に「……人間はより創造的な分野での活動を楽しむべき」の言葉に感銘を受け、**会社もデザイン**なのだと大いに共感し、σ社に入社。

就職後に能力や姿勢に大きな影響を与えたこと

上司に恵まれた。入社時は周りに圧倒されたが、最初の配属先で上司や先輩の仕事の仕方やその成果物の美しさに感銘を受ける。その後構想力を必要とされる他部署に移るのだが、**当時はイノベーションに取り組むという気持ちはなかった**。2、3年目で新しい機種の設計を任され、新しい機種の設計開発に**面白さ**を感じる。30歳ころに新規事業部門に移り5年ほど在籍。その部署の上司は運動クラブの先輩。非常に**個性の強い**トップと営業部隊を擁する集団で、一番年下としてはそのパワーを受け止めるのに必死だった。それまでにない強烈な体験ではあったが、そこで顧客獲得に向けて徹底して顧客に入り込む姿勢や部下へのメリハリのある対応などを学ぶ。次に別部門に異動するも、論理で攻める直属の上司と折り合いが悪く気持ちの晴れない日が続く。

イノベーションに挑戦するきっかけ

ある日**偶然**パチンコ店で出会った人が同じ会社のある事業部門の部長。彼に引っ張られて当該事業部門へ異動。現場の責任者として、いわゆる火消しでまったく家に帰れないような「**死ぬ思い**」をした。顧客を怒らせてしまったプロジェクトへの対応でも同様の苦労をしたものの、競合に対して当社らしさをどう出してゆくかを学ぶ。これらは**その後の自分の判断に貢献する失敗経験**。その後、命により当該プロジェクトを手掛けることとなり、自分のなかの**宝である失敗経験**からの嗅覚と、いかにプロジェクト業務の負担を少なくするかといった両面の目的で、オセロゲームと開発業務を結びつけ、

自分の世界観を実現する独自の戦略を思いつく。ゲームの比喩で周囲の理解も得やすかったのが功を奏した。さらにトップからデジタル化の流れをとらえる新たなプロジェクトを指示され、再び**自らの世界観**を描く。

リスクや失敗に対する認識

結果的に大きなイノベーションを成し遂げたプロジェクトを担当することになった時には、「失敗したら会社を辞めないといけないな」と漠然とは感じていた。ただ、同時に直属の上司やそれ以外の関連部門の上司など、**多くの人が強くサポート**してくれていることを感じていて、**恐怖というようなものではなかった。**

達成感ややりがいについて

1枚の絵で（自分の構想、いわば「木の幹」を）説明できると、後はアイデアを出す人が次々に「幹」を軸に、その周辺の枝葉を考えてくれた。そのなかには結果的に失敗しているアイデアも少なくはないが、現実的に全部成功ということなどはあり得ない。自分が世界観を説得力もって打ち出せると皆がそれを作り上げてくれる。これが**世界観を描く醍醐味**だと感じている。

ガーディアンや脇役の存在

当該プロジェクトの際には直属の上司やその上の事業部長、また関係部門の長から**全面協力**を得ていた。例えば、既存の関係部門の人員の半分近くを動員して新たな専門組織を作ってくれた。関係会社も動員して、当社のトップクラスの専門家数人のアサインも含め**必要と考えられる経営資源をすべて**用意してくれた。営業部隊や他部門の部長の方々も間接的に応援してくれた。さらに、かつて折り合いの悪かった別部署の上司も応援してくれていることを知り、距離感の大事さも学ぶことにもなった。

周囲からの認知や祝福

やりたいことやらせてもらっているので今となってはありがたいと感じている。それまでは個別には多くの軋轢《あつれき》を抱え、ハレーションを起こしてきたことは確か。

自分の継承について、そのほか

（当社が）イノベーションを推進する専門部署を作ったことは面白いと思っている。そこでいろいろな経験を積んで自分の事業部門に帰っていくことで「掛け算」が起こってほしい。そうした動きを加速してくれると期待している。とはいえ、私が育ってきた１９８０年代は全員がイノベーターだったといってもよかった。こうした**失敗も含めて強烈な経験を積んできた上司がいなくなってきている。**今後、後継者には**社内のみに閉じず、失敗も含めて多くの経験をさせる場**を提供していきたい。

自叙伝

〈自身の特徴について〉

難しい質問ですね。あの、なかなか客観的に見たことがないので。血液型からいくとＡＢですから、緻密なところと、もうどうでもいいというところが分かれていますね。全体のグランドデザインを描くのが好きなのですけど、どうでもいいところは深掘りしない一方で、ただ気になるところは徹底的に気になるという感じですね。

〈いつごろからですか〉

ずっと幼少期にさかのぼると、僕は母子家庭だったんですね。お袋が働きに行っていて、おばあちゃんが来てくれるのですけど、その間何していたかと言うと、絵を描いていたんですね。紙だけが与えられて、そこでずっと絵を描いていて、その間に友達もできるのですけど、僕自身は一人っ子で、絵を描くのが好きで、ずっと絵を描いていて、また友達にも絵を描く一人っ子がいて、二人の家を行ったり来たりしていました。そのころは1枚の紙に複層的に絵を描くんです。時間つぶしにもなるし、というのが全部のベースにあるような気もしますが。

小学校、中学校くらいは美術コンテストとかにいくつも入賞していたのですが、高校くらいになったときに、大学は美大に行こうと思って技巧に走り始めたんですよ。絵はやっているんですけど、テクニックで、こうやったらもっと絵がうけるのじゃあないかな、とか考えるんです。

それまでは、1人で何かやっていて、好き放題描いていて、それが中学まではずいぶんと入選していたのに、高校から入選しなくなってきたんですね。で、何故かなと考えたら、あの、テクニックを学び始めて、デッサンを勉強しながらどちらかというと技法に走りだしてしまったのですね。

もともとは全体を感覚で眺めながら描くのが好きなんです。街とかね、こんな街をつくるとか、必ず建物が出てきて。でも何かを写生してではないですね。何かを観察してというよりも、自分の世界観を描くというか。デッサンのテクニックを習い始めてからそれがだんだん消えていって……。

まあ当時自分では気づかなかったんですけど明らかに「こうやったら皆喜ぶだろうな」とか「こうやったら遠近感が出るだろうな」とか、そんな知識が入ってくると、なんか絵を置きにかかるというか、本来描きたいものじゃなくて、何か技巧を使って、みたいな。だから逆に絵が面白くなくなってくる。技巧に走りだしてから展示会には選ばれなくなってきましたね。はは、結局美大もすべるんです。

〈どなたかの影響ですか〉

何でしょうね。特にお袋は働いていて家にはいなかったですから。あるとしたらテレビくらいですよね。まあ、小学校になってからですね、絵描きだしたの。紙があったら絵描いていたので。誰かなあ、親戚には絵描き、デザイナーはいましたね、1人。でも、特に刺激はなかったと思います。

一人でいると、妄想が湧いてきますね。それは多かったですね。待っている間は1人なんで、ずうっとテレビ見てるわけでもなく、別に兄弟がいるわけでもないし。で、紙があったら自然と描き始めたって感じでしょうね。新聞紙とかありますから。広告の裏とか昔は。そんなのは豊富にあるので。手軽にあったもので遊んでいたって感じじゃないですかね。

また同じような友達がいたので、それもあるかな。その友達も一人っ子で、絵が好きでした。例えば万博みたいなやつですね。「こんな都市があったら面白いだろうな」とか。二人になると、それを立体にしたり。小学校が一緒で、学校が終わったらどっちかの家に行って。

〈ご専門は情報処理ですが〉

美大をすべるのですけど、まあ、そのときは、また来年受けたらいいやくらいに思ってたんですけど、お袋が年をとっていたので、その年に入学しないと定年までに卒業できないっていうのがあって。僕は浪人させてもらえると思って、美術の世界へ行こうかなって思ってたんですけど、お袋がどこでもいいからとにかく入れと。

もう4年後には卒業しないといけないから、どこでもいいから探せと言うので、2次募集でいけるところをあわてて探して、XXX大学の経営工学情報管理学科って、情報処理なんですね。まだコンピューターが出始めたころなので、とりあえずそこ入って1年間勉強して、また美術の方行ったらいいかな、くらいに思って。まだそう思っていたときですね。

そこを選んだ理由は、コンピューターに反応したんですね。まだ全然コンピューターが世の中に当たり前に言われてないときでしたが、そのコンピューターとかプログラミングってあの、絵と一緒だなと思ったんですよ。全体観を表現するのが、絵という手段なのかプログラミングかの違いではないのか、と思うようになって。絵でのデッサンとか、色塗るっていうところはプログラミングと一緒で、一番大事なのは何を描くのかですよね。ゲームソフトにしても、どんな世界観を描くのか、それを実現する手段がプログラミングなので。何か面白いのではなかろうかと思うようになって。まだ世の中に何もないし。

当時はCOBOLとかBASICの走りで、インベーダーゲームみたいなものを作るとか。それはそれで結構面白かったですね。そっち側の教授も面白かったので。半分はプログラミングの勉強、あとの半分はバイトみたいな感じでした。

〈美大に落ちたことはどんな経験でしたか〉

別の大学へ行ってみてから、また考えて美大を受験しようと思っていたので……。まあ、落ちたくやしさは一瞬ありましたよ。その日は、さすがにすぐは帰らなかったですけど、長引かないですね。夢を捨てなきゃいけないとかってそういう悲壮感ではまったくなかったです。絵筆のかわりにプログラミングでやってみようかというノリですね。結構やってみたら面白かったということですね。それからは絵はまったくやらなくなりました。完全に代替したって感じですね。

〈なぜ今の会社に〉

大学出てからは、普通に就職するだろうなと漠然と思っていました。そのころ、何を思ったのか、企業の創業者の本を読み始めるんです。まあ近い方がいいというのもあり、関西系の企業の創業者の本をよく読んでいました。σ社面白いなと思いました。

昔は今に比べてそんなに情報もないですし、創業者の本に「機械にできることは機械に任せ、人間はより創造的な分野での活動を楽しむべきである」って書いてあったのですね。へー、みたいな。そのときにネオ・プロデューサー制度とか、いやこれ面白いなあって思ったのですよ。そのとき、会社もデザインなのだなって思ったんですね。へー、みたいな。

〈入社してからはどのようなご経験を〉

入社してきているやつにいっぱいプログラミングできる優秀なやつがいて、できるやつはめちゃめちゃできるんですね。プログラミングも、僕より組めるやついっぱいいましたし。そのときちょっと「えっ」みたいな。

そのとき気が付いたのは、僕は確かにプログラムは組めたんですけど、いわゆるプログラミングのベタ組みですね。あの、順番にベタッと組んでいくっていう。で、そのとき周りの何人か見ていて、特に優秀な先輩の組んだプログラムを見たりすると、「えっ」と思う。そんなベタでプログラム組まないですよね。あの、構造化っていうやつ。何でそんな時間かからないのだろうかとか、また、プログラムがきれいなんです。僕のは、べたべたべたべたって。

昔はたしかにそんなのが多いのですけど、メモリーも十分でなくベタでいくので容量が足りなくなる。ただ、順番にそのまま組んでる感じなので、容量も食うし、スピードも変わってくる。優秀なプログラマーのプログラム構造はものすごくきれいでした。その差を一番感じて。最初は「ええ、もうこんなのついていけるかなあ」と。

でもまたすぐ、いいか、みたいになってくるんで。悩んでいてもしょうがない、とね。プログラムってそもそも何だろうか、とか考えるのです。で、何でそんな風に組めるのだろうかなと考えていると、また出てくるんですよ、絵とかデザインとかの感覚が。やはり構造がきれいなんですよね、プログラミングも。プログラミングが早い人とかは、上から降りてくる。

まだパッド図とかフローチャートとか書いていた時代です。先に要件・仕様を決めてフローチャートに落としたり、そのときパッド図っていうのが出てきたんですね。フローチャート自体は順番に処理を書いていきます、パッドは上から構造化されて書くんで、そのとき、構造化ってこんなきれいなんだって、デザインとしてね。それを自分のなかにうまく取り込む。具体的なアクションとしては一番大きかったですね。

そのとき「あ、きれいなもんだ」と思いながら、プログラミングの構造設計とデザインって、とても似てるなって思ったんですね。

「きれいなものだな」という感覚でプログラムを見るようになれたのは、その辺くらいからじゃないですか。シンプルな構造になってるって。あれだな、って。もともとデザインが好きだったので、それと一緒だなっていうのはそのとき感じましたね。それを学んで、「これは大変なとこ来ちゃったかな」っていう感覚はなくなっていきましたね。

そこから何が始まるかと言うと、このプログラミングから今度は構造設計の方の仕事になってくるんですね、だんだん。プログラミング組むよりも、もっと上流の要件仕様を作成する方へ、そうすると構造化っていうのがさらに重要になってくる。

〈そのなかで上司の方々の影響は〉

ここはまさに当時の上司から構造のきれいさを学びました。σ社のなかで優秀な上司に何人かついていたんで。上司に、まあ恵まれたっていうときでもあったわけですね。もっとも、僕の方がどんどん異動してゆくので、上司の人たちはその部門でずうっとおられましたが。

きれいなプログラムの構造たるアーキテクチャの設計のやり方、ソフトウェアのモジュール化とか、一番最初に配属されたときの上司の方からのアドバイスを受けました。僕の琴線に触れたわけです。それはきれいだったですね。僕が当時やっていたベタなプログラムとは違うな、と。シンプルでわかりやすい。

〈イノベーションに取り組む気持ちはいつごろから〉

会社に入ったときには、いわゆるイノベーションとか、あるいはこれまで人がやったことない、人が見たことないことをやりたいとか、っていう気持ちは特になかったですね。

ただ、実際には仕事は常に新しいものが与えられていました。新しい機種の仕事がどんどん来るので、そのときは人手がいないんで、2年目とか3年目で1機種のすべてを任されるんです。その要求仕様から決めていかないといけない。中を改造しとけじゃなくて、新規の機種を作らなければならないので、めちゃめちゃ面白いですよね。

〈面白かったのですか〉

面白かったですね。びびりますけど、自分の作った商品が市場に出ていく。2、3年目で新機種を任されて、で、25、6歳くらいでした。

それがイノベーションかどうかわからないですけど、今までまったくないホテル用の新機種を作れとか。いったい海外のホテルってどうなってるのだろうかとか、どんな使い方してるのだろうか、というようなことをいろいろな情報取りながら、という感じですね。

SEはまた別にいますから、営業と、SEがいて、どっちかといったらOEMで供給していたんで、相手の会社があるんですね。で、営業とかSEが真ん中に入って、そことのやり取りです。まず要求仕様。プログラミングの前の要求仕様を書いて。プログラミングから、次はそこのステップです。それ、何年くらいだろ。5年くらいやったんじゃないですかね。30歳前くらいまでいろいろな機種を。

〈転機となるようなことはあったのですか〉

30歳のときに新規事業をやれというので、新規事業の部隊ができたんですよ。そこに行けって言うので、そこへ行って新規事業のなかのソフトウェア、新規事業そのものもやりますけど、具体的なものを作ることと、そこのソフトウェアも担当していました。

会社に入ったときに新規事業をやりたいなとは思っていませんでしたし、正直、当時は新規事業を特にやりたいわけでもなかったです。ただ、新規事業のトップを、よく知っていたので。バスケットボールクラブとか、会社のクラブが一緒でした。

部署の一番のトップはまた違うんですけど、直系の技術系のアーキテクチャを考える部隊のトップから来いって言われて。何かそういう話をしたことはまったくないんですが。そのときは一番年下だったんですね。全員でえっと10数名ですね。超個性のきつい部隊。本当に死ぬほど個性きつかったです。

まあ今のσ社にはいないような、1人ずつが尖った人ばかりで。トップが一番尖ってたんですが、先輩も1人ずつが個性強くて。もう1人でも今だったらハレーションを起こすような人ばっかりいましたね。で、各人が1人でも事業立ち上げるくらいのパワー持っていました。そのなかで、商品を実現するための技術部隊があり、そのなかで僕は部門最年少で技術を担当しました。その技術を実現する部隊もメカのトップとか、ハードのトップとかすごい先輩がいました。

営業と一緒にお客様へついていって技術的に何を実現すればいいか落とし込んでいかないといけない。結構大変でした。新規事業っていう考え方のもとで、あとはもう構想を技術に落とし込んで実現する。具体的に落ちるまでは一緒に考えなければならない。「ジュラシック・パーク」のような組織で鍛えられました。

一人ひとりが、ちょっと変わっていたんで。一番びっくりしたのは、営業の一人が、お客様を接待すると言って、翌日に接待伝票があがってきたら数十万円だったんですよ。あれにはもう皆「ええっ」みたいになって。まあ、受注したんですけど。あとYYY社(顧客名)ですね、今でいうインターネットの走りのシステムを全館受注した。それはびっくりしましたね。課長が、ここだけの話ですけど、課長がものすごく怒っていて。何怒っているのかなと思ったら「何で俺連れていかないんだ」と。そっちかっていう時代でしたね。

そのとき上司に言われたのは、他社の有名な研究者の人たちと飲むに行くときも当然自腹で払っていたんですけど、あるとき今回はお金出してもらえないかと尋ねたら、「いくらでも出してやる。で、いくらや」と。そのかわり「何倍にして返してくれるんだ」とだけは言われました。

〈単純に個性的というだけではないのですね〉

強烈な人たちが多かったですね。そのかわりやっぱり、受注してきますから、新規を。出始めたころの画像データの仕組み、ネットワーク上に画像データを載せるっていうものの走りでしたが、それを使った駅でのＥＣショッピングとかいうのを仕掛けました。時代が早すぎるのですけど、もう20～30年前にインターネットの前身の仕組みを使って実現していました。

ある日ＺＺＺ社（顧客名）に行くからついてこいと言われて、お客さんとのアポの取り方や受注のアプローチなどを教わりました。そして、実際に受注が決まってくるとそれをアーキテクチャ設計にしてプログラミングに落とし込んで、まあ必ずソフトはあるので。でもまあ。1人ずつがきつかったですね。全然違うタイプで。

この当時の体験が結構生きているな、と思いますね。1人ずつ、1人ずつが尖った個性、アイデンティティーをきっちり持っておられました。総務出身で、という人もいて。彼も新規事業立ち上げを担う営業企画なのですが、それまでほとんどずっと総務部門。当然営業から来ている新規事業ばっかりを立ち上げてきた営業のプロみたいな人もいらっしゃいました。1人ずつの個性ってこんなに尖っているんだと。

一番すごかったのが、部門の一番トップ、ものすごく怖い人でした。顔も怖いですし、あんな怖い人見たことないし。デスクで足を机の上にあげて新聞を見ているって、そんな人見たことなくて。で、彼は会議への議題は出すんですけど、会議には最初と最後しか出てこない。途中の議論は任すと、「決まったか」「どっちの方向持っていくんだ」ってそれだけを判断されていました。彼はものすごく怒るんですけれど、人を見てやっている。僕が病気になったときに、彼の指示で課長が見舞いに来てくれました。あるいは、お客さんに対する接し方、もう全然違いますね。相手が若いとか偉いとか関係なく接しておられました。僕はソフトを組んでいて、バグですぐ直さなければならないというときすっ飛んで行って直したら、そのときはね、「きっちり対応してくれてありがとう」って言ってくれてご馳走になりました。

密度の濃い5年でした。パーソナルな接点は特になかったのですが、ただ彼は、僕のソフトウェアの技術は認めてくれていました。まあ、彼の方はソフトわからないんで、任せるところとそうじゃないところがもう明確に、めちゃめちゃメリハリありましたね。

〈その方以外の上司の方は〉

僕の異動は5年ごとで、後半になってくると3年ごとに上司が代わっていくんですけど、もう皆、その人を含めてすべての上司がめちゃめちゃ個性的でした。他の部署への異動は今から思うと一番ありがたくて、そのときはいやだったんですけど。

5年したら他の部門に行く、それを転々としてきたのですけど、そこには大嫌いな上司もおられて、ぶつかって鬱《うつ》になりかけたこともありました。ただ同じ部門のなかだけにいて上へあがっていったら、多分同じパターンの上司にしか会わなかったでしょうね。大嫌いな上司も含めていろいろな上司に出会ったことが逆に財産になっています。

〈暗い時代もあったのですか〉

新規事業を立ち上げたあとに、今度はシステム開発をする部門ができたんですね。全部わが社の機器がシステム化されていくっていうので。で、そういう部門ができて、例えば機器が全部ネットワークでつながって。で、ネットワーク・コントローラーを作って、0・0何秒でバーコードの処理をしてダウンしても全部が死なないようにという仕組みを作る。

そのシステム開発のセンター長に呼ばれて、うちの部門に来いと。まあ彼はほとんど任すタイプですが、その下にものすごく細かいタイプの部長がいたんです。その下に課長がいて、部長とは全然合わなくって。そのとき、鬱になりかけた。

彼はすべて論理で攻めてくる。論理のみ、そこはもう、お互いが嫌いだったですね。論理は正しいけど、そんなの儲からないと私は思っているので。あんたビジネスやったことないのに、ペーパーの書き方とかテーマアップの何かとか「てにをは」まで全部言われて。私は逆に現場知らずのあんたが言っていることは絶対儲からないぞ、って思っているので。

で、そんなときほど忙しくて、他にも数テーマ持っていて、そのときは鬱になりかけましたね。自分がなるとは思わなかったです。ただ、いくら何でもこれやばいなと思い始めた。で、まずそのときは土日に座禅、これはもう自分の心を何とかしなければならないなと。上司は変えられないから、で、土日に座禅に通っていました、早朝に。でも、そんなものくらいではだめですね。

ある日大学病院に行ったんですよ。もうこれやばいなって思って、その大学病院の先生と話して、そのときもいっぱい人が来ていて、3時間くらい待って30分くらいかな。そのときに「どうした」っていう話から状況を全部話して、30分経ったときに「で、ところで次回どうする」って話になって、寝られないなら、睡眠薬をあげるし、また話しに来たかったら話しに来たらいいよって言われたんですよね。で、そのときにひょっとしたらこれ、自分で解決するしかないな、と思ったんです。

これまた面白い話があって、それで、悶々として12月ですね、その大学病院に行ったのが。1月にちょうどそのとき嫁さんが出産で実家に帰っていて、僕は実家へ嫁の顔を見に行って自宅に帰ってきて。正月はやることなかったから毎日パチンコに行っていました。

そうしたら毎日来ている「おっちゃん」がいる。友達になったんですね。面白い、ここ出るでー、とかね。で、休み明けに東京に出張したときに、その、滋賀県のパチンコ屋で出会ったおっちゃんと顔そっくりな人が、わが社の東京の事業所の一番偉い部長席に座っていたんです。

で、そこで以前から知っている課長に「あの人パチンコ屋で世話になった。でも東京におられるとわからなくて」、その課長が、僕をその部長のところに連れてって、「こいつがパチンコ屋で世話になっとるって」て。それで「お前うちの会社か」って話になって、「今どんな仕事している」って。それで4月にその部長のいる事業部へ転勤になりました。

そっから（当該イノベーションプロジェクトの）歴史が始まって行くのですけど、そうやって偶然の出会いから引っ張ってもらったわけです。その部長はもともと、XX工場の生産のトップで、製造部長から東京の企画室長にうつられていました。部長は東京に単身赴任で、自宅が私の自宅の近くだったのでパチンコ屋さんで会っていたのですね。

ただ、そのイノベーションプロジェクトのときに、実は前に話した一番嫌いな部長が応援してくれました。あっちも嫌いだったのでしょうね。生意気だっただろうし、言うこと聞かないし。でもそのときに、応援してくれたのがその人でした。面白いのが、ある程度距離が離れると、お互いの補完ができるのですね。彼の言うことが正しいっていうのは理解できるのですよ。ただ、近くで言われると、反発する。

彼のアドバイスで、プロジェクトマネジメントのコンサルを紹介してもらいました。そのコンサルから多くのプロジェクトマネジメントを学びました。彼のアドバイスがなかったら成功しなかったですね。このとき、人と人の距離感を学びました。大阪と東京とかこのくらいの距離感がよくて、同じ部門にいたら合わないけど役割や部門が違ういい距離感でお付き合いできる。いい経験でした。

〈イノベーションへ取り組むようになった経緯は〉

なぜ（当該部署に）呼ばれたかっていうと、（当該部署の）ネットワーク技術が一番遅れていたんですよ、ネットワークが進んでなくって。機械のネットワーク化が一気に市場で出てくるときだったので、ネットワークできるやつが欲しいときでした。僕は新規事業でずっとシステムのアーキテクチャ設計やネットワークの構築やってきたんで。

そこからシステム開発を担当し、プロジェクトマネジメントまで学んでいきます。ハードウェアはネットワークでつないで、というのはＳＥの仕事ですよね。今度は、（当該部署で）ＰＭを担当することになります。ＰＭって何かっていうと人を使わないといけないのですよね。そこから、システムとかネットワークとかいう、技術的な世界から、ＰＭっていうどっちかっていうと人をマネージメントする方の世界に入ってくるのですね。

１人で7つくらいプロジェクトを担当していました。先輩が担当していたテーマが火を噴いて、それも担当しろと8つ目。「できています、できています」っていう報告が上がっていたのですが、でも、どう見てもできてないような雰囲気があるのですね。現場の人の目を見るとわかります、こう何か腐ったにおいがしてくるのですね。でも現場からの報告ではもう「できています」って上がってくるので。で、そのプロジェクトをちょっと「見に行け」って言われて、見に行ったらなかがもうえらいことになっていて。で、「そのプロジェクト何とかせえ」って言われて。

火消しに入って、死ぬほど働いて。で、（対象事業）なんですけど、一回納期が決まると、ちょっと遅れますって言えないのです。監督官庁に「いつ完成するのか」を提出しているので。システムにつながる機器を全部作って試運転して、納期に間に合わないから「オープンできません」っていう風に絶対いかなくって。「もう死んででもやれ」って言われる。

で、二交代制にして、夜全部テスト部隊走らせて、不具合を朝には全部張り出して、で、昼間に全部それをつぶしていく。これプロジェクトマネジメントを間違うと、えらいことになるわって学びました。もう「できてます」を真に受けたらいかんな、と。１個のテーマでもそんなことが起こるのですよね。

で、それが一つと、もう一つ学ばせてもらったのが、まあこれも先輩なんですけど、（ある地方の）顧客企業に見積もりを要求されて持っていったんですね。で、お客さんがすごく怒っているというので、そのときの上司に「ちょっと、ものすごい怒っているから行って来い」って言われて。何かわからんけどお客さんからこれ見積もってと言われて、お客さんへ見積書とか持って行って、で、ちゃんと見積もって持って行ったのに、めちゃめちゃ怒っておられる。わけわからんと言って。やばいんでお前が行って訳を聞いてこいって言われて。

「言われた通り見積書と提案書を提出して、何で怒っておられるのかもうわかりません」とお客様に素直に聞きました。そのときに、お客様が他社の提案書と見積書をばーって持ってこさせて、僕の前にうちの含めて5社、他社の4つの見積書、提案書をバンって置かれてそのまいなくなられたんですよ。

うちの提案書だけ、お客さんから言われた通りにそのまま見積もって持って行ってるんですね。で、よそは「ここはこうした方がいい」とか、「わが社だったらここはこうする」とか、っていう知恵が書いてある。わが社は、言われたからそのまま持って行ってて。もう一つは、笑ったんですけど、他社の4社はカラープリンターで印刷されていて、うちだけ白黒。何か、いかにも「言われたから持ってきました」みたいな。その後2~3週間時間やるって言われたのですね。

今までは横通しの同業メーカーの競争だったのですが、今回はシステム受注だったので、あとの4社は、大手電機メーカーとか大手ホストコンピューターメーカーとか、従来の競合ではなかった。今まで僕らってそんなところじゃなくて、横通しの同業メーカー同士の戦いで言われた通りの提案書と見積書を持って行っていた。戦っているドメインはもう違う人たちになったのですね。

上位のシステムから下りてきた提案か、下位の機器から上がっていった提案か。その中間階層の仕組みをどっちが受注するかの戦い。

従来の戦いだったら得意だったのですが。逆に言うと、（設置）拠点としたら、われわれが得意とする現場の機器から上がってくれたほうがやりやすいということで、実は現場のマネージャーさんは応援してくださっていたのです。だから期待が裏切られたと怒っておられて、じゃあ今度上から下りてこられないような提案をどうすればいいのかって言うので、そこにσ社の特長を入れて持って行きました。

で、少なくともカラープリンターにはしないといけないなあ、ということで当時80万円くらいするのを説得して、「その80万のプリンター入れたら受注できんのかぁ」とか言われて。「あの受注できるかどうかでなくって、まず見劣りして読んでもらえんのです」と言って購入していただきました。

差別化の要素として、提案書の1枚目にはお客さんのそのときのウェブから経営方針を全部見て、お客さんの経営方針を織り込んで、あのちゃんと貴社の事を見ていますっていうメッセージと経営方針に合った提案書にしていきました。最終的にお客様に喜んでいただき受注することができました。

〈失敗のリスクについては〉

ああ、もう失敗したら会社辞めなきゃいかんな、っていうのはありましたけど。火消しに入った1テーマでもそんな状態になるのに、このプロジェクトは1年半でプログラム開発が６００テーマ。1個でもそんな大変になるのに６００ものテーマが爆発したら、ごめんなさいですまないですよね。でもそのテーマの開発統括のＰＭになって、またまたやらざるを得ない。前のプロジェクトを何とかしたからって、今回は規模が違いますよって話ですね。でも指名されちゃったからしょうがない。だめだったら辞めなしゃあないなって感じですねえ。

ただ、上司というか経営陣の方々で非常にサポートしてくれる人がいっぱいおられました。実はプロジェクトが開始される1年前くらいから、いろいろなお客さんから呼ばれてどうしたらいいかって聞かれるのですね。で、1年くらい前から、何かおかしいぞと。営業と一緒にお客様を回っていたので、何か大きいものが走りだしそうな雰囲気は感じるんです。個別で見積もり来るし、何かおかしいなっていう感じは1年以上前から出始めていました。で、ちょっとずつ見えてきたので、これはもうプロジェクトにしないと、どうしようもならないと役員に提言させてもらったのです。

これ普通じゃないテーマが走るなって。多くの会社が共通のデバイスを使い、なおかつ納入日が一緒なのでミスすると社会が混乱する。そんなでかいプロジェクトがどうも立ち上がりそうだった。そこでお客さんとの最前線に出るのですね。お客さんとのコンタクトは全部行って、お客さんへのシステムを提案して回ったのです。その提案が感触良くって、だんだん受注し始めるのですが受注しすぎて、何かこれまたやばそうだなと。ただ、うちの営業は何かこれまでと違うことが起こりそうだと感じているマネージャーが数人いました。

そういう嗅覚っていうのは、やっぱり経験が作ってきたのでしょうね。前回の失敗テーマの火消しをやっているから、テーマ1個でも失敗すると総崩れすると思った。個別に一つひとつ対応していたらとんでもないことになるぞと。本当に家帰れなくなる、みたいな。前回の火消しでは3ヵ月家に帰れなかったので。そういうしんどい経験っていうのは、結構嗅覚のなかに生きています。そんな経験が宝になっている。最終的には受注が600テーマまでふくれあがったのですけど。

〈応援は強力でしたか〉

直属の開発部長が応援してくれましたし、その上の事業部長と役員さんも「これやばいですよ」って言いに行ったときに、もう全面協力ですね。「何でやばいのだ」って話で。で、最終的に拠点の全設計部門の半分の人員と予算をもってきて、それだけの専門組織を作ってもらったのですね。

プログラムを組むパワーも足りない。そのときソフトウェアの関連会社A社があるのですけど、でもその拠点の担当部門の人員ではまったくパワーが足りない。別の部門に話に行って、他の全部門の全テーマ止めてもらって、それぞれの部門が得意とするところのプログラムを受注してもらうっていうのをやって。例えばオンラインに得意な部署は遠隔系のシステムを受注してくれとか。その会社以外にB社という関連会社があって、そこは上位系のサーバーとか得意なので上位系のプログラムを担当していただくとか、いろいろやりました。あと、かつてこのシステムに関連していた経験者を全部集めてくれって言って。やっぱりあの部長と事業部長が資源を全部用意してくれたのですね。

標準化しないといかんというので、トップクラスのSEを5人とってきました。要求仕様をお客さんごとに聞いていたら体がもたないので、業界自体を同じシステム、仕組みにするための標準化を推進する。収入管理システムと料金管理システム、遠隔監視システムと、それをもうお客さんから言われる前ですね、3ヵ月くらい前から、走り出して。

必死ですね。だからその走り出したら次はとにかく、どうやって人を集めるのかとか。どうやってお客さん説得して標準化するのかとか。で、600テーマそれぞれに600人もリーダーがいないので、どんな順番で開発するのかとか。だから、Aっていう顧客企業で型紙作って、B、C、Dに持って行くとか。この順番を間違えたらお客さんまた怒るし。

で、開発期間が1年、その前に1年の準備期間、どんな体制を取るのかとか、実質は1年半ですね。においがし始めたのが2年くらい前で、半年くらいで体制作るのと専門SEで標準化を推進していく。

〈どこが最もイノベーティブでしたか〉

その間、大変なこと、特に困ったっていうか、これはまずいな、とかですが、実は無我夢中で走り切っていたので困っている暇もなかったです。ただなぜ成功できたか、最も大きな要因はうまいグランドデザインが描けたからだと思います。

そのときに考えたグランドデザインが、オセロ戦略っていうやつなのですね。対象とするシステムって、4つの大きなシステムから成るのですよ。先ほど一部お話をした収入情報の管理、料金情報の管理、顧客動態情報の管理、そしてメンテナンスのための機器情報の管理。このオセロの4つの角になるシステムを上位で標準化すればいい。各機器はこの4つの機能を組み合わせて動いているだけなので。まさにオセロの4つの角を取る（標準化する）戦略です。

自動車メーカーなどでよく言われるCASE、これもある意味オセロの4つの角ですね。1個でも角を押さえていたら強いのですが。もしそれらを取られていたら、また違うオセロ、つまり事業ドメインへ持っていくしかないですね。

σ社でオセロ戦略を始めたころは、少なくとも1個くらいは角を取れるなと思っていたのですよ。1個でも角を取っておきさえすれば強い。ところが結果的には4つの角が全部取れたのです。さらに受注客先が6割を超え始めると、よその会社を選ばなくなる。7割、8割、9割って全部うちに来たのですね。6割取られた他のメーカーを選んで自分のとこだけ失敗したら、担当者の責任になるから。

〈「オセロ」戦略のきっかけは何だったのですか〉

オセロねえ。もともと、こういう機能に分かれるとは思っていたのですが。多分、何かまた追い込まれたのでしょうね。

きっかけは思い出せないですけど、ふと思いついた感じです。このオセロっていうのが。ちょうど4つの機能でオセロじゃないかって。つまり、オセロっていう情報とまさに機能が結びついた。あとオセロ戦略はみんなが理解しやすいですよね。営業も説得しやすいなって。論理立てて説明するよりも、賛同されやすいです。

オセロというとみんな考える。部下たちもこれだったら、ここの仕組みを作ろうとか。この4つの角を標準化したことで設計工数を大幅に下げられました。それが一番大きいですわ。納期が決まってるなかで、たくさんプログラム組めば組むほど将来に向けての資産というより「負債」になっていくんで。いかにプログラムを組まずに成功させるかが、オセロ戦略のポイントです。

〈その後も次から次へと新たな挑戦をされていますが〉

次にやるのがＹＹＹＹ（プロジェクトテーマ名）っていう仕事なのですけど。そのときはカンパニーの社長に呼ばれて、何か世の中の仕組み自体が大きく変わりそうだと。

一番儲かっているときに、これからＩＣカードとかモバイル化技術等が進化するなかで従来のビジネスが変わっていくからなんか新しい仕組みを考えろと言われました。何か変わりそうやから何かしろ、こういうプロジェクトが下りてくるんですよ。これ一番しんどいですね。

しかし、本当に何か世の中が劇的に変わり始めるのです。例えば、かつてはベンツ1台分くらいした機械が今は軽自動車みたいな値段になっている。大きな変革が起こったのですね。それは何の変革かというと、ＩＣカードです。あれをピッてやるだけで通れますから、今まではメカトロニクスがあって、パテントの塊でね、5枚くらい入れても0・0何秒で数百億通りの料金を判定して。でもそのメカトロニクスの、要は車のエンジンがなくなったわけですね。

それで、どうするのだという話になって、またそこからプロジェクトを起こすのです。そのときにアイデアＡ、Ｂ、Ｃを持っていっても、それは葉っぱだって言われて。事業の構造を変えろ、「幹」を持ってこいと言われる。1品物の新しいアイデア（葉っぱ）を持ってこいとは言ってないと怒られて。だからこれを真剣に考えるのです。新しい「幹」、世界観を描けと。

そして「幹」を持っていくまで毎週毎週、6ヵ月もかかりました。なかなか思いつかないのですよ。アイデアＡ、Ｂ、Ｃは思いつくのですが。こんなの面白いんじゃないですかって。それは単品のアイデアだと。拠点の構造を変えるとか事業の構造を変えるとかいうことになっていないって言われて。そのときは7人くらいでプロジェクトやっていて、そのプロジェクトはこの（「オセロ戦略」）プロジェクトやりながら並行で走らせていたのですよね。こちらのほうがしんどいのです。オセロの方は、まだ何かやることが決まっているから、どうやって工数減らそうかなと。

ま、一番つらいですね。何かをやれと言っても、何したらいいかわからなかったですね、で、単品のアイデア持っていっても、何だこれってと言われるし。そこで思いついたのがあれですね、ずうっと駅を見ていたら、駅から街へ毎朝ものすごい数の人が出ていく。そのときに、ふっと気づいたのが、駅って街への「入口」じゃあないかって。

駅が街への入口だったらというので、そのとき7人くらいで、じゃあ駅が街の入口だったらどんなビジネスできるのかっていうのをピン止めしたうえでディスカッションしたら、そこを通過する人にメールを配信して、街の情報とかコンテンツ配信して、そこにクーポンとか広告とか載せたら儲かると。それがXXXっていうビジネスなのですけど。で、その広告配信のビジネスは5年くらいやってやめるのですけど、まだ技術的にも早すぎて。今あるのは、例えばそこを子供が通過するとお母さんにメールが配信されるっていう安心安全サービスですね。

で、これって幹か枝か葉っぱかと言われたのですけど。幹は「駅は街への入口」で枝が安心安全ですね。例えばセキュリティ会社と一緒に、街のセキュリティを作ろうとかいうのが、だんだん、だんだん、いろいろな枝や葉っぱを考えだせる。幹にどんな枝を作るかで、その枝からいろいろ新しい葉っぱが現れる。まさにプラットフォーム構想です。

ある人が見ると、広告配信のビジネスは失敗したじゃないかって。そりゃそのビジネスは失敗ですけど、僕がやりたいのは葉っぱ全部が茂るっていうことではない。これ新規事業として無理ですね。きっちり「幹」を作って枝を生やしていく。そしていろんな葉っぱが現れる。葉っぱが散っても、また次の葉っぱが出てきて花が咲く、そんな仕組みを作ることがミッションだと思っています。

〈世界観を描く醍醐味は何ですか〉

頭のなかには、どうやって世界観を作るかとか、どうやってデザインするかとか、何を置いてこう全体像作るか。世界観とか言い始めたのは最近ですけど。

世界観を1枚の絵で表現して説明する、あるいは短いフレーズで表現できるか。その世界観が固まると後はもうアイデアを出す人がいっぱい考えてくれるのです。皆、葉っぱを思いついて、持ってくるから、葉っぱだけをどうにかするってなかなか難しいですよね。というのを、上司にも徹底的にやられましたね。でも、そのときって、今だったら意味のイノベーションとか言うかもしれないけど、見方や切り口を変える。

いろいろな見方があるのですが、ある方向から見ると僕が失敗したって言われるのがいっぱいあります。失敗ですけれど、逆に成功しているものもいっぱいある。全部成功させるなんて無理です。ただその、世界観を出すと、あと皆が考えてくれる。イメージが合うので。

僕のノートってほとんど絵ですね。文章で書くと頭が整理できないので。僕にとっては事業構造が絵なのです。ファシリテーションしながらこの事業の絵を描く。どっちかと言うとそんなのが多いですね。だから自分で思いつくっていうよりも、ディスカッションしながらアイデアを引き出していく。こういうことって、どういう事業構造で攻めたらやりやすいか、とか。で、言っていることって、こういうことっていうのが出てくると、「あ、そうです、そうです」って整理される。ノートがキャンバス、絵描きノートみたいになっているのですけど。

〈祝福されていると感じておられますか〉

ああ、今から思うとそうですね。個別にはいっぱい軋轢ってあります。ハレーションっていっぱいいろいろなとこで起こる。

僕自身は、やりたいことやらせてもらっているので、ありがたいなって思っています。例えばソフトウェア会社の社長をやっていて、そこから生産会社の社長に行けとかいうのは「えっ」みたいになりますよね。僕の得意な分野のソフトウェアをやらせといてくれたら、もっと会社のばすぞ、って。で、つぶれかけのとこに行って立て直せと、その場ではやっぱり「えっ」みたいになるのですけど、でもメーカーにいて生産現場を学ばせてもらって、今考えるとその後の人生にものすごく役立っている。で、生産会社が黒字化したら今度は別の会社を立ち上げろと、で、また別の事業を学ばせてもらう。行けって言われたときは「えっ」みたいになるのですけど、でも後から考えたらまた新しい経験させてもらったのだなって。で、次は前よりもよりややこしいミッションがやって来る。

今から考えると、従来の経験で「置き」にかかれる仕事がもらえなかったです。今までの経験から単に置きにかかれる仕事をもらったら、それはできますよね。でも、なかなか自ら今までの経験以外の仕事を選びにいかないからラッキーでした。経験がないところだからこそ、今までの経験がその部署への刺激になるし、また新しい経験から学ぶこともできます。この学ぶ部分があるから、この会社って面白いなって感じる。刺激をもらえるんで。

〈会社のなかで継承できていますか〉

今の組織（イノベーションを推進する専門部門）が面白いなと思っています。今の組織をイノベーションのプラットフォームと言っているので。やっぱり若い人は経験がいるのですよね。僕も垂直で同じ事業部をずうっと上がっていったら、多分いろいろなことを考えなかったと思います。

今人材の育成もやっています。われわれの組織へ来て、そこで学んで、元の部門に戻る、これを繰り返していくと、既存の部門でも掛け算が起こってきます。

昔はわが社も垂直でした。ある部門に入って上司が課長になったら自分は係長になってとか、部長になったら次に誰かが課長になって。同質な組織。私も垂直型でその部門だけしか知らなかったのですが、横に動き始め、多くの経験をさせていただきました。

異動もデザインするっていうのが大事なのだろうなって思います。そこにはプレッシャーもありますが。そうした動きがより加速している。またそれが刺激的で。仕事を置きにかかれちゃうと、何も学ぶものがなくなる。

僕らのころの上司は、いっぱい変わった人がいました。そんな人がいなくなっていくからしんどい。1980年代なんて全員がイノベーターみたいなもので、成功するかどうかわからなかったものを耕してきて。で、その人たちが上になったらその下の人は言われた通りにやっていたらよくなった。トライ・アンド・エラー（試行錯誤）もしなくなってきた。これから社会的課題はより複雑になってくるのに。

新規事業って、大体うちだけじゃなくて日本全部そうなのですけど、5年くらいやって、で、成果が出ないってなくなって、また5年くらいしたら新しいことをやらないといけないってまた新規事業部隊を立ち上げて。ずーっとこの繰り返し。同じエントロピーで動いている、って思います。

僕らが今やろうとしているのは、プラットフォームとして、常にイノベーションが起き続ける仕組みを作ること。そうじゃないと、その前に学んだことがプロセスや組織、DNAも含めて知恵として継承されない。

日本企業がこのエントロピーを繰り返していても、そう賢くなっているわけでもなく、次やるときは前の経験が残っていない。でもだんだんそんなこと言っている時間が無くなっているんだろうなって感じがしますね。

【所感】

アーティスト氏は、典型的なシリアルイノベーター（次から次へとイノベーションに挑戦して成果を上げてゆく人物）である。冒頭に紹介した大きなイノベーションに加えていくつもの新しい試みに挑戦し、他社との協業での新サービスの開発などにも実績を持っている。話術は多くの人を引き付けるに十分な巧みさであり、率直な人柄は多くのファンがいることを推測させる。彼の経験をうかがうとそうした人間的魅力は彼がいわゆる順風満帆な道、あるいは直線的な道を歩んできたのではないなかで醸成され、成熟してきたものであることがよくわかる。

そして、新しいことへの取り組みを全面的に支援していたり、役職にあまりこだわらずに新しいことに大胆に取り組ませたり、また、実績次第でトップとの距離が急速に近くなったりなどという柔軟さは、この企業が、創業以来イノベーションをその身上として成長を続けてきたことの象徴と言ってもよさそうだ。

近年は企業内イノベーターの育成に組織的に取り組む、イノベーションにフォーカスした独立性の高い部門を設立してその部門と現業部門との人材の流れを作ることで経験の多様性を強化したりなど、多くの企業のなかでも特に熱心に企業としてのイノベーションの仕組み・仕掛けづくりに取り組んでおられるという印象である。

裏を返せば、アーティスト氏の話からも推測できるように、かつては企業内イノベーターが「自生」していたが、最近は「栽培」しないと出現が期待できないと認識されているようにも見える。アーティスト氏は、その意味において「絶滅危惧種」なのかもしれない。

2　制御困難な大黒天

物語要旨

〈主なイノベーション〉

成熟した既存の事業部門から自ら離れ、自らの信念とエコシステム創造型事業のコンセプトをもとに新しい事業を次々と打ち立てて同社の新しい展開を強力に推進してきた。

資質形成に強い影響を与えたこと

自分を可愛がってくれた祖父母を含めて7人家族、3人兄弟。農業従事。父親は自分そっくり、楽しい人でバレンタインデーのチョコの数を競ったことも。**幼いころから人と変わった方向に行きたがり、面白いことが好き**。話に必ずオチをつける。相手の話をよく聞きながら、ちょっと寄り道をした会話が楽しい。漫画の影響で柔道大好き。小学校で5、6回骨折するほど人と違うことをやってみるのが好き。一方頼まれると断りにくく、演劇部に所属したことも。いつも人気者だった。その後空手

→ラグビーと激しいスポーツ。**チームで一つのものを作り上げることの楽しさを知る。**母親の死は生きることについて深く考えさせられた。

就職後に能力や姿勢に大きな影響を与えたこと

入社後最初の上司からの影響が大きかった。会社はこうあるべきとの見方を、会社を知らないうちに教えられたことで、問題意識を持って既存事業を見るようになった。5年目くらいに新しい事業を進めている関連部署の上司が役員の言うことを聞かず、皆の前でひどく叱られ左遷された。ただ、自分は萎縮はせず、かえって**上司に頼らずに自分たちがやるんだとの意識**を強く持つようになった。同じ時期に、**個性派ぞろい**の新規事業系で現社長と出会う。

入社以来頻繁に顧客に直接触れて「**鍛えられた**」。それも2年目くらいから「**楽しい**」と感じ始めた。40歳くらいに人事担当役員の判断で既存事業の中心に配属され、経営的な見方を身に付ける。

イノベーションに挑戦するきっかけ

入社後まもなくに、自分は既存事業を守っていくということに不向きと判断。また、既存事業のやり方に対して批判的な見方をしていたので、**新しいことを手掛けることがそもそもの自分のあるべき姿**と考えるように。

仕事の裏表の経験や機器売りでの限界を思い知らされる経験なども経て、自分のスタンスが決まっていく。その後は**役員の配慮**で全社を見る仕事で視野を広げたり、社長の秘書での経験などを経て、自ら手を挙げ、ある事業領域のバリューチェーンでの事業を本格的に立ち上げることに挑んだ。

リスクや失敗に対する認識

うまくいかなかったら、**うまくいくまでやろう**と思う。イメージしたことをカラーでリアルに右脳でイメージすると経験したことと一緒になるとのことだったので、そうしている。それとずれたらやらない。あるいはやり方を変える。リスクがあるからやらないのではなく、当たってみる。思い切り当たってだめだとなればもういかない。

達成感ややりがいについて

自分がやろうとしてきているのは、生産者に付加価値をどう与えられるか、その点で一貫している。エコシステムを創っていくことによって巡り巡って会社の利益となる。そういったつながりを創りたいと思っている。

30代前半から、**自分で特殊な集まりを企画したりして高度な人脈**を作っているが、自分が多くの人（社外）に可愛がられているのは「人間がおもしろい」からだと思っている。

ガーディアンや脇役の存在

若いころから、周囲に（上司に）小さな成功体験を多く積ましてもらってきたと思う。**若いころは楽観的な上司がいて失敗してもやってみろ**と常にアドバイスをもらった。**現トップや人事担当役員にも守ってもらってきた**と思う。

それぞれのステージで自分の右腕のような人物はいた。基本的に私に意見を言ってくれるような人、あるいは**私を止められるような**（**母親のような**）**人**を選ぶ。これまでは恵まれた。また、常に問題意識を自分のなかに持っていてアンテナを上げておくと、多くの有益な情報が入ってくる。特に、分野の専門家のハブのような役割の人たちを大事にしている。

周囲からの認知や祝福

周りの方からは**異質に見られている。**わが社にこんなタイプの人はいない、違うタイプの人だと。また、それ以上に厳しい対応をされることもある。そんな場合は非常に不本意だが、仕方がないことだとも思っている。

自分の継承について、そのほか

新しいことにチャレンジして厳しい処置に合うのであれば、誰もチャレンジしなくなる。会社はそういった方向、やらない人が評価される方向に見える。皆結局は勝ち馬にしか乗らないので、新しいプロジェクトを成功させることでしか対応できないかとは思うが、それでもロードマップと（表裏の）ＫＰＩ（Key Performance Indicators）を皆で合意することで何とかなるところはあるかもしれない。

自叙伝

〈自身の特徴について〉

強みはですね、素直なことだと思います。まず相手の話を聞くということが強みかなと。そのなかでいいところを引き出して、それに僕の考え方をコラボすると、なんかめちゃくちゃ楽しい世界がいつも生まれるんです。そういうところを意識してますけど、それが強みだと思いますね。

まず、最初に断らない。ノーから入らないですね。あとは、どっちかいうたら、強みではないですけど、面白いことが好きなんで。あの、例えば、こういうテーブルがあると、普通だったら真っすぐ最短コースを行くじゃないですか。でも、こっちの崖の方を歩きたがりますね。こっちに行くと全然見え方が変わってくるんで、時間がかかっても崖をこう歩いて行ってゴールに向かって行ったりだとか、わざとするときがあります。それ強みかどうかわからないですけど。

〈いつごろから自覚されてましたか〉

幼稚園、小学生からずっと、まあそんな感じでしたね。ですから、よく怪我はしました。小学校時代に5、6回骨を折りましたね。柔道をしてまして。そのころ、「いなかっぺ大将」が流行ってまして、キャット空中三回転、あれを俺がやりたいと思って。もうバーンっと投げ飛ばされてくるっと回る。で、手をつくとかですね。……で、骨折を何度も。

毎年毎年怪我をするんですけどね。そこは自分でもなんか不思議でしたね。怖いんですけど辞めなかったです。「いなかっぺ大将」にも「柔道一直線」にも影響されました。柔道は小学校3年から中学3年までやりました。

高校行ったらですね、ほんとはもっとちょっと激しいスポーツをやりたかったんですけど、私たちのクラスの前に演劇部の部室がありまして、そこのキャプテンが私と同級生だったんですよ、男の子です。私は「こうちゃん」と呼ばれていました。で、こうちゃんたちが入ってくれないと演劇部がつぶれるとか言われてですね。

頼まれるとしょうがないなあって言って、1年間演劇部で恥ずかしい発声練習とかを、皆さんの前で、女子バレーボールチームの前でやるとかですね。あれで芸が磨かれましたね。すべてプラスになってるんですけどね。ちゃんと練習をしてですね、役をもらってセリフもあって、それは楽しかったです。大会に出たりもしましたからね。

チームですよね。裏方の人もいるし、配役も変わるし、15人くらいで一つのものを作り上げるんで、そういうのなんか好きみたいですね、自分は。

その後、武道が好きだったんで、柔道の次は空手だとか言って、極真空手を習って、これは喧嘩強えなとか言って、柔道部と喧嘩するとかですね、そんなんやってましたね。漫画の影響ですかね。ビール瓶をこれ（手刀）で割ってみたいとか。そんなのもありましたね。大学のときに、団体で一つ、チームでやってみたいなっていうのが芽生えましてね、それも激しいスポーツがいいなというので、大学に入ってラグビーをやりました。

〈なぜ回り道を〉

私には、やっぱり話にオチをつけないといけないなというのがあって、真っすぐ行ったら面白くないじゃないですか。例えば、大分ワールドカップラグビーを観に行ったんですね、ニュージーランド戦。で、レンタカーを借りに行くのに、タクシーを使ったんですね、10分くらい。

そこでタクシーの運ちゃんになんかやっぱ聞きたいじゃないですか、今の状況を。「外人多いですか？」みたいな。「そのときどうしてんですか？　英語でしゃべるんですか？」みたいな。いやいや、俺英語めっちゃ勉強したんやけど、横に通訳のやつがおって、俺の英語しゃべる機会を逸したんだみたいな話をしながらですね。

お客さんはレンタカー借りてどこに行くんですか？　宮崎に行きますと。2番目の妻の実家が宮崎だったから俺が乗せてってやろうみたいな。え、2番目ということは何人妻がいたんですか？　みたいな。そんなのをずっとしゃべりながら着いて、大笑いしながらですね。

そういうネタになる話がちょっとしたところでも、いろんな人と話すと生まれてきたりするんで、そういう寄り道をしながらコミュニケーションをしていくと、いっぱい出て、まあ営業でお客さんと話すときも、なんかね、自分が体験したネタを話した方が面白いじゃないすか。ずっと小さいころからそういう感じでした。

〈ご家族の影響については〉

うちの親父とかは私とそっくりですね。明るいです。母親はもう本当に正義感が強くて、まっすぐな母親でした。そうですね、バレンタインデーでチョコレート貰えないぞ今年は、みたいなときとかですね、うちの親父の方が多くもらってるみたいなですね、同級生からね。あのときはやられたと思いましたね。小学校3年のときくらいでした。

親父はマサヒコっていうんですよ。当時マッチ（近藤真彦）が流行っててね。マッチ、マッチと言われて、「こうちゃんのとこのマッチにあげる」とかね。なんで親父のチョコレートを俺が持って帰らないといけないんだみたいな。同級生がうちの父ちゃんにチョコレートあげる。俺にはくれない。

すごいへこみましたね。

小学校のときとかは生徒会長したりとか、そういうようなことをずっといろいろやってました。人気者ではありましたね。中学校のころもそんな感じでした。で、高校になってから、他の中学校からいっぱい来ますからね、様子見しながらやったりとか。

一回ちょっと落ち込んだのは、高校に入ってすぐ成績が思うように上に行かないみたいなね。中学校のときとかは1番とか2番とかですね、それくらいの学年順位だったんですね。田舎だったんでしょうけどね。高校に行くと、それが20番とか30番とかになるんで、何がダメなんだろうなみたいなので、高校1年くらいのときでしたね。

勉強のところで悩みはしなかったけど、なんかモヤモヤした時期はありましたね。そういうときは、夜に走ってました。

じいちゃん、ばあちゃんとは同居してました。父親と母親が共働きだったんで、ほとんど家にいないというか、夕方帰ってくるみたいな生活。ほとんどじいちゃん、ばあちゃんと小中高と過ごしてましたんで、そこに7人家族、兄弟3人でですね。だから、そのじいちゃん、ばあちゃんの影響も受けてますよね。

まあ、田舎のじいちゃん、ばあちゃんですから、素朴な、曲がったことはしないしですね。非常に、なんて言うかな、孫を大切にしましたですし、可愛がられました。みかん農家をしてまして、みかんのコンテナのなかに入れられて、そこでじいちゃん、ばあちゃんが作業するのを横で見てたとか、そういうような幼少期を過ごしてますね。

そうですね、大学と高校のころでしたけど、まあ、びっくりしました。やっぱ死んじゃうんだみたいな、死というものに初めて接しましたんで。じいちゃん、ばあちゃんのときはそこまでなかったんですけど、母親のときは、あれでしたね。自分の大切な母親が死ぬと、目の前でですね。それは自分のなかでもありましたね。考え方といいますか。よくドラマでもありますけど、死んでも、常に心のなかにいるんですよね。ですから、死ぬってことは逆に心のなかにいるんだなみたいな、そういうのを感じました。悪いことをしようとしたときに後ろに母親がいないかとか、そういうのはありますね。母ちゃん見ないでみたいなね。

〈人と違うことをやるのが大好きなのですか〉

好きです。例えばB社（現在の会社）に入りまして、7つの事業が走ってるんですけど、そのなかの既存事業も何回もやらせていただいてるんですね。やっぱ、既存事業をきっちりと同じことをして守っていくっていうのは、自分に向いてないなって思いましたね。僕の可能性をもっともっと使ったほうがいいだろうなって思って、新規事業の方に手を挙げていくような感じでしたね。

〈入社後の経験について教えてください〉

多分ですね、平成元年にB社に入らせていただいたんですけど、会社のなかでは最初の上司が一番私に影響を与えたんじゃないかなと思いますね。今のXX地方の関係会社の最初の社長をやられたYさんっていう方なんですけども、その方がそこで認められて、今事業の柱になっている、遠隔監視センターの最初のプロトタイプを作られたんですね。かれこれ40年前近く前にさかのぼる話なんですが、まだ他社がそういうような遠隔監視なんかしてない時代に、離島なんで発電機が止まっちゃいかんというので、遠隔監視センターを作って、24時間サービスを考えたりとかした人なんです。

そういう方から見たB社の既存事業の問題点だとかを、よく「1000円コースや」とか言われながら飲みに連れていかれて、B社はこうならないといけないんだとか、こういう形で既存事業も伸びていかないといけないんだとかを、私が新人でよく知らないときにいろいろ教えてくれたので、そういう見方で既存事業を見てしまうんですね、どうしても。見てしまうと、もっとこうした方がいいのになと。

やっぱ既存事業に入っちゃうと、既存事業のやり方をしないといけないじゃないですか、どうしても。そのなかで改革をしようとしてもなかなかうまくいかないんですね。中から変えようとしてもですね。で、そこで、ちょっと斜めからやった方がいいかなみたいなのは新入社員のころから感じながらやってましたね。

その方はですね、その後われわれと一緒になって、XX機器部っていうのを立ち上げて、コンテナですけども、それを販売するんじゃなくてレンタル事業しようみたいな、そこで500台くらい抱えて、ぐるぐるぐるぐる回すというのを一緒にやりましたね。

そのときその人が当時一番上の役員の言うことを聞かなかったんで、僕らの目の前でひどく叱責されて、地方に飛ばされてですね。最後は可哀想でした。そういうのを目の前で見てましたね。入社5

年目くらいですかね。

その時は、萎縮はしなかったですが、僕らが支えてきっちりこの事業をちゃんとしないといかんなということは強く感じました。叱責したおっさんは早くどこかに行けばいいのにと、そんな感じで思ってましたね。そこでじゃあ俺はおとなしくして、あんまり新しいことを言わずに、改革なんだかんだと言わずにおとなしくしてればいいんだなっていう風には思わなかったです。

会社がおかしいとずっと思ってるからですね。当時はまだ売り上げが○△□×億円くらいの会社だったんですが、このままだったらつぶれるだろうなみたいな。もっともっと幅を広げていかないといけないんじゃないかなと常に思ってました。既存事業の中に入っちゃってもシュリンクするだけですから。同じ機械を売るだけだったらですね。もっともっと幅広い視野で見ないといけないなと常に思ってました。

新規事業系にいた人っていうのは、それなりに癖のある人が多かったですね、当時は。その一人が今の社長ですね。社長もこのままじゃいかんと、もっと発展させないといかんみたいな、もともとのお考えの方で。われわれが若いときに現社長が部長で来られてですね、同じようななかで新規事業立ち上げとかやってましたんで。その影響は大きいです。

今の専務のKさんが人事部にいらっしゃるときの話です。私がある新しい事業に異動願いを出して、XX機器部の鉄道コンテナレンタル事業を伸ばすためにも、そこに移りたいみたいな。で、人事面談希望みたいに書いたんですね。

すぐにKさんから面談の予定が送られてきて、面談をしたんです。そこから人生がまた変わっていきましたね。ここに行きたいと。なぜだ?と。こうこうこうだと。いやいや、それはいかんとか言われてですね。

で、SS事業ですか、そこに君が入って変えたらいいじゃないかみたいなことになって、SS事業部のど真ん中に、当時のわが社の中心ですね。そこの商品企画かなんかにポンっとすぐに転勤になったんですね。で、そこで2年くらいいろいろとやったんですけど、本当にB社らしい仕事をやりましたね。

でも、ここだったら、本社でやるよりは現場に行った方が絶対お客さんも見えるし面白いなということで、また転勤願いを出して、今度はある地方の販売会社に出向させてもらった。そこでたとえばお客さんの漁師さんのとこに行って、漁師さんが今何を困ってるのかを聞きながら、いろいろ商品を作って、みたいなですね、まあ、普通の営業もしますけども。そういうことをやりましたね。

〈お客さんとの接点はいつごろから〉

お客さんのところには新入社員のころから行ってました。最初はわからなかったですね。営業とかお客さんのとこで何をしゃべってどういう聞き方をするかとか。それはもう失敗して失敗して怒られて覚える感じですよね。それはまあ、好きじゃないと行かないですけど、それがもう仕事だから。

そのなかでめちゃくちゃヒントがあるし、教えてくれるし、楽しいなという風に思いましたね。お客さんのところに行くのが楽しいなという風に感じるようになったのは2年目くらいですかね。1年目、2年目くらいに相当集中してやりました。最初の上司のインパクトもありましたが、この辺でかなり基本的なスタイルが形成されたという感じです。

それからですね、例えば、当時マリン関連事業の方で貝を作るという事業がグループで回っていました。MK湾がある貝の産地なんですね。それが5年に1回くらい大不漁が起こるんです。安定させてやるのに、稚貝を放流するとか養殖するとかですね、そういったことを提案した方がいいんじゃないかということで、貝の養殖の盛んなK地方のM市の水産試験場があるんですけども、そこに行きながら、そこの技術を、B社の水産研究所の人を連れてって、A県のなかに導入するとか、そういう仕事をやりましたね。

そこで、ああなるほど、こういうことをすれば、地域の課題を解決できて、産業ができて、で、ぐるっと回っていって、わが社にも収益があがっていく、そういうことができるんだなと肌で感じながらやってましたね。それが入社7年目くらいです。周りの方が小さな成功体験を積ませてくれたんですね。

そういうタイプの上司じゃない人もいたんですよ、途中。そういうときは2倍仕事するっていう感じでしたね。通常の言われてる仕事、役割と目標に書いてある仕事をやりますよ。絶対世の中のためになるような取り組みはまた違う時間でやってましたね。内緒というか、一応やりますよと。こっちはこっちでやるから、数字は出すから、こっちはこっちで仕組みを作りますよとやってましたね。

仕事の表と裏を思い知る経験もしました。エンジニアリング案件になりますと公共事業ですから、必ず入札というものが付いてきますよね。で、ひっくり返したりするわけです。例えば、今ある入札案件が、1億円、2億円の案件があって、それを後から提案していって、基本設計を切り替えていって、われわれのスペックを入れていって、こういうような施設にしましょうというようなことをやってたんですけど、そのときに結構腕利きの営業マンで、かなりひっくり返していったんですね。

どんどんやってたんですけど、そうしたら3年目くらいのときに、大きな落とし穴が待ってましたね。東京で国の仕事を取ったんですが、結構いろいろなことがありまして、結局われわれが排除されてしまうみたいな非常にきついことを経験しましたね。ちょうど母親が亡くなるときで、亡くなる病院のベッドの横に出て、携帯で現場にいろいろ指示してましたね。それは覚えてます。なんか仕事を取るって大変だなというのを経験しました。

で、そこで次の年にやり方を大きく変えたんです。もうヘッド受注のプラントはもう取りに行かないみたいなですね。そこにスペックだけ入れていって、確実に物売りでやろうと。それだと利益は残っていくんですけど、売り上げ規模はあがっていかない。しかも、そこにはお客さんに突っ込んでソリューションしていくと言いますかね、ノウハウが溜まっていかないんで、ジリ貧になりますよね。

もうちょっとやり方をね、あのときにいろいろ議論してやったらよかったかなとは思ってますね。面白くない経験でした。伸びないなと。モノ売りに戻っちゃって、コト売りじゃなくなってるんですね。結局は新しいことにどんどん取り組んでいく他社に引き抜かれていくって感じですよね。

ですから、次から次へ自分は新しいことをやっていくんだ、新しい分野でやっていくんだとの思いは、より強くなりましたね。

〈どのような転機があったのでしょうか〉

40歳ころに本社の経営企画に行ったんですね。するとさっき言ったK専務が飲み会におられて、「大黒天くん、今何してるんだ」と。いやいや、今SS事業で入札してますと。何そんなことしてるんだと。いやいや、これで飯を食ってるんだと。そんなんじゃダメだとか言って、で、うちの上司のHさんにその何週間後に電話して、大黒天くんを本社の経営企画の課長にしたいんだと、Hさんいいか?と、取るぞと。Hさんが椅子から落ちるくらいびっくりしてですね、えらいチャレンジングだと。で、そこの課長を2年くらいさせていただいて、それで全社の課題が世界も含めて見えてくるじゃないですか。おお、わが社ってなかなかね、そこにいて初めて大きさとか、社員の多さとか、経営企画というところの責任の重さを感じながら、さあどうしていこうかなみたいなことを思ってたんですね。

機械事業がメインの会社ですから、新規事業なんてもうほんとピーナッツみたいなもんじゃないですか。売り上げ、利益貢献からすると。で、そのときはちょっと一時期新規事業のことは目を瞑《つぶ》ってですね、B社という会社を何とかしなければいかんという意識では動きましたけどね。

そのあとに、社長秘書に行きましてですね、で、そのときは社長が近くにいらして、いつもいろいろな話をしてこられるんですね。夜中の1時、2時に真剣な話をしますからね。まあ、次の100年を見据えて、どうするかと。今の機械だけでいいのかと。例えば、農業だったら全部バリューチェーンをおさえてやるだとか、生産をしてみるだとか、いろいろとB社の生きる道がまだあるんじゃないかと。そういう話を常に飲みながらいつも受けてたんですね。

2年くらいしたときに、またKさんに相談してですね、今社長が思ってる、モヤモヤしてる食関係とか、バリューチェーンだとか、そういうのをちょっと一回企画してみたいと、その動きをしたいんで秘書を外れたいと。

で、後任の方に来ていただいて、新事業開発プロジェクトみたいなのを立ち上げさせていただいて、今活動してる前身のいろいろなタネを探したりとか、あと、そのなかでやっぱり農業っていうか、生産するためのノウハウがわが社にないなと。いろいろ見てもですね。これでは農家のソリューションできんじゃないかと。農業経営がわからないのだったらということで、では農業経営を一回してみようかと。回り道ですね、さっきの。

ほんとはやるべきではないかもしれませんが、農業を極めるとか農業参入するとかを一回経験してみようと。で、経験をしてみると見え方が変わってきましたね。それが2010年でした。で、新会社をおこして、まずは農家さんのコンペティターにならないように人材育成をしようと。

新会社の定款の一番上に人材育成ってあって、まあ最初の3年間は補助事業を受けながらずっと黒字でいたんですけど、補助事業を受けると経営が甘くなるんですね。補助金がなくなると、なかなか苦しくはなりましたね。でも、それがあるから、今のお客さんの課題を解決するというようなモチベーションが自分のなかですごく湧いてきました。

で、その辺のことが今の展開につながっていて、やっぱり付加価値をもっともっと農作物に付けないといけないので、加工しないといけないだろうと。で、カット野菜でいいのか、それとも年間を通じて安定的に供給できるお米の方がいいのかということでいろいろ悩んだ末、そういうアンテナを常に上げてますと、ほんと画期的な技術といいますか、それがどんっと飛び込んできて、で、今のOO事業というところに踏み込むことができたんですね。常に問題意識を自分のなかに持って、すごく高いアンテナを上げておくと誰かに会うみたいな、そういういいサイクルが回っていきますよね、それの連続のような気がしますね。

〈社外のネットワークづくりはどのように〉

以前研修で、イメージしたことをカラーでリアルに右脳でイメージすると、経験したことと一緒になるというようなことを習いまして、それを常に意識するようになったんですね。32、3歳くらいのときですか。で、リアルにイメージしようと、俺のやりたいこと。で、リアルにこんなことしたい、あんなことしたい、こんなことになっている、と完全になっていると、そういうような行動になってますよね。そういうものを探したりとか、人に会ったりとか。そういうイメージとリアルが合致すると、事業計画が大体こういう感じになるなという感じで。そのあとは、自分の思いが相手に伝わりますから、なかなか成功するのは難しいですけど、これをやることによって、こういうような効果があるんだと、自分で強く思えるようになりましたね。

カラーでイメージすると、すごくそういう情報が入ってきますね。入ってくるのと、あ、そうそう、10年前くらいから食品の流通業界だったらこの人とか、生産者だったらこの人とか、そういう情報が入ってくる人とか、つなぐ人を、とにかく友達をつくりました。で、その人に定期的に会うことによって、最新の情報が入ってきたりとか、で、僕が思いついたこと、こんなのかな?ということを相談できるプロフェッショナルな人が周りに数名いて、常にその人たちと、今はSNSもあるしつながりやすいんですね。

そういう人といろいろ話すことによって、社内の経営企画にいただけではなかなかわからないような判断が、プロというかな、餅は餅屋の人にちゃんと聞けるというか、そういうことによって、ここところを組み合わせることによってまったく新しいモデルができるなとかですね、そういうのは自分で作るようになりましたね。

こちらから持っていくのは、その人が欲しがる情報です。相手の人にも時間を費やさせますからね、その人が僕と会ってよかったと、こんなおもろい話が聞けたとか、ああ、そんなことになってるんだ、そっちはとかですね、常に情報のやりとりですよね。それはね、どんどんくるんですね。どんどんくるような感じになってます。1対1ではなくて、こういったような方々とのいろいろたくさんつながりを持っているなかで、そこで得たような情報をそれぞれ流していくというか、それぞれ提供するような形でっていう……。

あとは、コネクターみたいな人がいるじゃないですか。どっちかというと、コネクターみたいな人を大事にはしますね。あの人と常に付き合っておいたらこの人とこの人を紹介してくれたりとか、そういうような方がいますね。

その一人が元コンビニ大手の社長のTさんという方なんですけど、その方にすごく可愛がられてですね、その方に食だとか農業だとか、流通のところは相当勉強させていただきましたし、いろいろな方を紹介していただいたりとか、つないでいただいてますね。

おもろいから可愛いがってくれてるのだと思います。あとは、セクシーっていうかね。そこが要りますよね。私ね、こういう団体（ＸＸＸＸ会）を作ったんです。で、自己紹介ビデオも作ったんですよ。流していいですか。

〈自己紹介ビデオ〉

『（前半略）

Ｋ大学水産学部に行ってまして、３年のときにＢ社新会社設立という新聞を見ましてですね、そこで、水産試験場とか県庁に入りたいということでＫ大学を受けたんですけど、民間の方が面白いなということで、Ｂ社に行けば通ると思いましてね、初めて洋服の量販店でスーツを買い、運動靴を履き、で、実は大分の家から30分くらいのところにあるんですね。みかん農家だったので、みかんのコンテナを持っていって、これさえ持っていけば入れてくれるんじゃないかということで、行ったんですよ。そうしたら、当時のＹさんがいて、あとＦ課長がいて、すいません、「大黒天」ですけど、これで入れてくださいと。大丈夫かお前、と。Ｂ社の入社試験を受けなさいと。で、Ｂ社の入社試験を受けに行って、初めて大阪に１人で出ていってですね、道に迷って、たどり着かなかったというね。警察の人に連れていってもらったというね。

入社後はこういういろいろグループが変わってますね。最初は活魚水槽のエンジニアリングをやってました。あとは、活魚コンテナとかをやりました。ＪＲの活魚コンテナを開発して売るという。青函トンネルでエンジンは止めないといけないんですね。その間、酸素ボンベとかバッテリーでフロアを回すんですけど、エンジンが再起動しないんですね。なんか知らんけど。で、全滅。いつも大阪魚市場とか築地市場とかで待ってるんですよ。北海道の魚を。あれ、日通のトラックが来たけどエンジンの音がしてないぞ、あーあとか言って、顔が真っ青になってて、マスコミの人も取材に来てるんですけどね、もう死んでるんですよ。だいぶ魚を死なせてしまいました。あと、これは大分のヒラメの輸送のコンテナとかですね。こういったものとかいろいろやってました。その間こういう養殖機器の開発なんかもやってまして。あと、これ今でも売れてます。これの海外の足がかりを作ったのは僕ですからね。

その後ですね、あの、野菜とかを運ぶＪＲのクールコンテナとかをやりまして、韓国からキムチを運んだりとかですね、温度を一定にすれば鮮度がいいというのを経験して、このときに実は農協さんがお客さんだったりするんで、農協さんとかに行って、そこの野菜の状況だとかですね、生産者の状況だとか、なんでこんなに安いんだとかいうのを肌で感じながら、バリューチェーンのなかになんか落とし穴があるなということを感じました。で、Ｋさんに会って、○○△△（製品事業）をやるんですけども、実は何をやってたかというと、僕はイベント担当でございましてですね、漁業者の数が減っていくなかでですね、18万件総訪問して、顧客のＣＲＭ（Customer Relationship Management）をとっていきましょうみたいな活動をやってたんですね。その1年間の成果発表大会を青森でやったり、徳島でやったりとか、広島の厳島神社でやったりとか、そういうときの懇親会の司会を全部任されるとかですね、そういう活動で自分の能力を発揮してましたね、当時は。

あとは、そういうのをやりながら、現場に出たいということで、関係会社に出向をお願いして、このエリアをやってました。何をしてたかと言いますと、まあ、漁師さんの営業なんですけども、夕方まで漁師に営業して、そのあと実は社会人大学院に通ってましてですね、で、漁師と夕方まで飲んで、酔っ払って名古屋まで行って勉強して、そのあと漁師と待ち合わせをして夜の街に行くと、というような生活を毎日してましたね。

その後、今度は広域になりましてね、名古屋だけじゃなく西日本全体を見る営業課長みたいなことをさせていただいて、このときもなかなか面白かったですね。営業戦略通りにピシっといったときの自分のなかの高揚感というんですかね、そういうのを経験しました。

そんなことをやりながら、環境プラントエンジニアリングというのが本社のなかにできまして、こういう施設関係の営業をやってくれんかとお願いをされてですね、それをやらせていただきました。ここで、さっきの入札が始まりました。

そこで、Kさんと飲み屋で会い、経営企画に抜擢されまして、このとき創業100周年の時には売上目標○×△□億円みたいな、数値目標を出した中期戦略が出てきてですね。その次に社長、会長の秘書をやらせていただいて、そのときに次の100年に向けてB社の事業領域を探るみたいなことをテーマでやらせていただきました。で、農業関係の新会社を1個つくってですね、次世代の農業リーダーを育成していくというようなことを掲げてやってました。

そのときにですね、今のK専務が中国から帰ってきて、社長秘書をやりながら○△事業を立て直すんだということで○△事業本部長になられたんですね。その時にわれわれのチームも○△事業に入りましてですね、1本10億円のソリューションの矢を5本作ろうというのを掲げまして、すべてこれ全部今事業化になってますからね。これをやって、今も続いております。で、アグリイノベーションは今も直営農場を持ちながらやっています。

そのなかでここからですね、農業生産者の皆さんを元気にする取り組みというのをやってますと。農家さんのところ行っては、生産者会議に冬呼ばれて、その後懇親会に行くんですね。あと、大阪では農業学校の先生をしながら農家さんと一緒にマルシェをやったりとかしてますね。全国XXXX会っていうのをやるんですね。全国XXXX会の会長をやってましてですね、私。会員が551人、551で止めとるんですね。実はこれがですね、先ほどのコネクターの人とかですね、いろいろ情報を持っている人とつながってるのは、実はこれなんですよ。(以下略)』

〈新しいことやるときの失敗のリスクについてはどうお考えですか〉

うまくいかなかったらうまくいくまでやろうって思いますね。リスクはあるよなっていう風に最初考えます。仮説を自分でリアルに詰めていくというか、メンバー、部下も含めてです。例えば、これだけ売れるだろうみたいな、ほんとにこれだけ売れるのかというところを最後にまた、やっぱり売りが一番重要ですよね。あとは、本当にそういう商品が作れるのかっていうのも事前にやってみたりとかっていうのはやりますね。

わからないところがあるじゃないですか。そこは悩みますね。そこは自分のなかの、右脳のところにカラーでイメージができて、確実にピシッと腹落ちするまですごく悩みますね。やる前にです。そこはいつも変わらないですね。

あと、いろいろ新しいことばっかりやってる感じなんですけど、僕は全部一本の線に乗ってると思ってるんです。全然その突飛なことをしてるわけじゃなくて、ずっと僕が思ってる理想の姿っていうか、あるべきB社の姿になるように全部動いてですね、それからそんな飛び地、飛び地をいってる感じではないんですよね、自分のなかでは。

生産者に付加価値をどう与えるか、そこだけですね。そこに尽きるんです。そこで持続可能な再生産の仕組みをどう作っていくか、エコシステムですね、そこしかないんです。それを会社のなかで極めるというところが自分のなかの思いですね。

それ以外のただ単に売り上げを上げるんだとか、レストランで収益をあげるとかっていうのは、モチベーションが上がっていかないですね。そこがずっと生産者とつながっていて、ぐるっと回るようなことを自分がしてるってことじゃないと、自分のパワーが出ないですね。

そういうつながりがないな、あるいは生産者に付加価値をきちんと提供できてないなというようなことがあったら、そこはそうなるように変えていきます。必ずしもうまくいくとは限りませんが、そういうときはやめますね。わが社としてやる意義がないと思うからです。

リスクがあるからやらないとかいうのではなくて、とりあえずやってみる。やってみるっていうか、まあ、当たってみますね。

あとですね、社長の言葉で言うと、僕らはグローバルニッチの会社だと。で、新規事業なんてあたらないと、あたって初めて隙間が見えて、そのなかでやっと世界が見えるだろうと。だからやっぱりあたらないとわからないよって言われてましてね、最初のころからです。

だからあたるようにしてますね、ドーンと。それも思いっ切りです。ゆっくりやっても隙間が開かないんで、ドーンとあたってみて、見える世界がこれはもうだめだというときはもういかないですし、あたらないとわからないことが多いかなと実感してますね。

あたるっていうのはものによって違うでしょうけども、実際に同じことをやってる人にほんとの商売の極意を聞きに行ったりとか。あとは実際、擬似モデルを作っていって一回ちょっと回してみたりとかですね。本当にこれが投資対効果で価値があるかどうかとかを、自分のなかで体験してからやるみたいな感じですかね。

〈守られていたと感じてますか〉

若いころはですね、全部の責任が私のとこに来ることはないんですけど、その上の上司の方に、すごい前向きな課長さんがいて、楽観的な。その方の考え方に救われたとこはありますね。いいんだ、こんなもんはと。中央研究者が年間にどれだけ使ってると思ってるんだ、と。こんな1億や2億円くらいいいんだぞ、水に捨ててもとか。それで、ああ、そうなんだ、と。そんなことを言われながらやってましたね。だからやれと、やったなかで生まれるんだというのを言われてましたね。

右腕のような人もそれぞれのステージでいますよ。すぐに育っていくんで、どっか行くんですけどね。私に意見を言ってくれる人です。

やっぱりですね。全部僕の言ってることが正しいんじゃなくてですね、「大黒天」さんこうでしょ、ここから行きましょうとかですね、ああそれいいですね、僕はここのところ詰めましょうとか、そういうように会話できたりとかそういう方がいるといいですよね。

今もそうですけどね。上の方が、「大黒天」くん、右腕にはどんな人がいいんやって聞かれたら、俺を止められる人がいいと、いつも言いますね。

お母さんみたいに諭してくれる。やっぱり気持ちよく諭してくれるのがいいんでしょうね、きっと。次また大きな仕掛けをするにはまた別の人たちがいると思うんですよね。

〈祝福されていると感じていますか〉

祝福されてるっていうよりもですね、そうだな、やっぱりちょっと違う目で見られてますよね、周りの方からは。異質に見られてる。違うタイプの人だな、みたいな。わが社にこんな人いないよ、みたいな。仕方がないと思います。でも例えば、まあ、何年かに1回くらいはこういうタイプの人間を育てるような仕組みがあってもいいんじゃないかなと思いますね。

目立ちすぎるんですね。例えば、この新会社を立ち上げて、まあ、社長をしましたと。ただ、決済権限はないわけです。ちっちゃい会社ですから。社長なんで、僕も悪いんですけど、自分で全部決めて、自分で責任取ればいいと思ってたんで、いろんなことを決めていくわけですね、スピード速く。

それを本社社内の就業規則、社内の規定では、例えば、業務提携のときには取締役会にかけなければいけません、子会社の場合でもみたいな。確かにそれは当たり前の世界なんですけど、僕がね、いい、この会社は信用調査もしたし、信用できるから、業務提携してやっていこうみたいな、そういうようなことをやっていったんですね。で、やっていったら、なんか社内の規定に触れるということになってしまった。

随分、若い人たちから言われましたね。みんな新しいことにチャンレンジしていって、結局怒られるんだったら誰もしなくなりますよね。

〈承継について〉

やっぱりですね、例えば、今われわれのチームがありますね、そこが成功して、ちゃんと会社に収益を還元して、それを見せることしかないですよね。教育システムとか人事制度とかじゃなくて、今僕たちがやってることを。

例えば、私たちと同じメンバーでチャレンジングにやってる人がいるんです。結構チャレンジングにいろんなことをやって、僕が守っている若手メンバーがいますんで、そのメンバーが成果として利益に貢献してるというようなことを周りに見せることでしょうね。で、成功でしか、多くの人は勝ち馬にしか乗らないですからね、それを見せるしかない。

あるいは、ＫＰＩをちゃんと設定しましょうみたいなですね、ゴールに行くまでに5年、10年かかりますという間のきっちりとしたロードマップのＫＰＩを、これ目標にしてますというのが、皆さんが評価するうえの、役員の方とか含めて、最初にそのＫＰＩこれでいいのかっていうのをみんなで合意することでしょうね。

で、そこに対していったとか、例えば、今回プラットフォームやりましょう。１００万件お客さんの情報が取れれば、新しいビジネスがスタートしますみたいな。それをこんな感じのステップで顧客を取っていくみたいな。で、そこが連動してきますからね、上にもですね。そういう見せ方をリアルにＫＰＩの数字、ただ単にそれだけじゃなくて裏のＫＰＩを見せるだとか、そこを管理指標にちゃんとすることでしょうね。

頭のなかにあるフルカラーのものを、それを要素分解したうえで、ＫＰＩという形で落としていって、今回はここまで色を塗るぞと、その次はここまで色を塗るぞというような形でＫＰＩという誰もが理解できるような形にして進めていくということが習わしになると。習わしになって、部下も含めて、それが評価されるというか、そういう風にしたらいいのかなあ。うーん。

【所感】

実際に新たな事業を打ち立ててきたという実績がなければ、会って話をするだけでは「ちょっと変わった楽しい人」としか思わないかもしれない。確かに私がこれまでお目にかかってきた同社の方々とはずいぶんと違った雰囲気を醸し出している。

一方で話をうかがうほどに興味深い経歴と経験を持っておられる。（大）失敗をこともなげに話すかと思えば、顧客との深みのある経験談を語る。こうした成功体験や失敗体験は彼のなかでは一貫していて、しかもそれが自分の生きがい（働きがい）であると堂々と主張するあたりはあっぱれというほかない。

こうした特性は企業内イノベーターというよりも、むしろ起業家の特性に近いかもしれない。にもかかわらず、彼をこれまでこの企業につなぎとめているものは、彼が幸運にも得ることができた現在の社長とのつながりや優れた目と洞察をもって彼に経験を積ませてきた現役員の方（特にK氏）、そして何よりも彼自身が作り上げてきた社外の人的ネットワークといった人的つながりの果たす役割が大きいだろう。

そしてなによりも、彼のような人材を長期にわたって擁しておくには、企業としてかなりの懐の深さが必要だ。このような企業が今後とも発展を続けて行ってほしいと心から願う。最後に大黒天氏が現在の会社の向かう方向に対して少し否定的なコメントを残したのは気になるところではある。

3　力まず時代を創るサイエンティスト

物語要旨

〈主なイノベーション〉

それまで世界中の専門家たちが狙いつつも、実現、事業化できなかった新製品の開発を画期的な手法を利用することで世界に先駆けて成し遂げ、同社のイメージリーダーの一つに仕立て上げた。

資質形成に強い影響を与えたこと

小学校の低学年のころから本や図鑑が好きで、特に**図鑑は擦り切れるくらい**読んだ。そこに親をはじめ周囲からの影響はなく、たまたまそうだったと思う。以後年間100冊以上本を読む。大学のころからはモーツァルトのオペラにも魅かれている。他方、**実は人と交わったりするのは好きじゃない**。できれば1人でじっとしているのがいい。**やってみないとわからないじゃないか**、という大学のときの研究室の雰囲気が好き。そこには、**人と一緒は嫌だ**という人ばかり。あまり深く考えない（**楽観的**

に考える）ことと粘り強さは持って生まれたものだと思う。

就職後に能力や姿勢に大きな影響を与えたこと

入社7、8年から新製品の研究に。海外のベンチャー企業と共同研究のため日本を離れた。それまで自分の専門領域でいくつものテーマに取り組んできたが、そろそろ変化が要るなと感じていたタイミングだった。人と一緒は嫌だと考えるのは入社前からだが、イノベーションにつなげるには（自分の置かれた）**環境が変わることが大事**なのだなと思う。新製品の開発にかつての自分の専門領域の経験と知識も役に立つと気づいたのが、製品開発上のイノベーションのポイントになった。**多様な知識を吸収することは非常に大事**。自分は大学や研究所などの**幅広い知的な（私的な）ネットワーク**を持っている。特に海外のネットワークは重要。

イノベーションに挑戦するきっかけ

会社の命令なので新しい仕事を断ることは基本的にできないだろうが、実際、喜んで海外に赴任した。イノベーションというよりも単純に海外に行きたかったというのもある。学生時代からバックパックで1ヵ月くらい旅行するとかが好きだった。ある技術を適切に応用すれば画期的な新製品ができるのは、理論的にはみんなわかっていた。じゃあ**自分が最初にやってやろう**と。**世のなか簡単にできることはないけれど、やってやれないこともあんまりない**というようなセリフが好きで、その気になっていたような気がする。自分のかつての専門知識が役に立ち、結果的に特許で先行できた。

リスクや失敗に対する認識

失敗したらどうなるのかということは全然考えなかった。まあなんとかなるというくらい。ただ、野心みたいなものはなかったけど負けるのは嫌だから、やるからには1番を取らないと、という思いがまず来る。会社としても失敗したら二度と起き上がれないようなことにはならないと理解していた。実際失敗例は数多くある。

達成感ややりがいについて

自分が開発した新製品が会社のイメージリーダーの一つとなっている。その面ではよかったかなと。だが、まだ事業的には成功とまでは言いきれないので、まだまだこれからだと思う。やっぱり儲からないとダメということは、事業化を進めながら学んだ。研究開発だけをやっているときは、あまり真剣に考えなかったが。

ガーディアンや脇役の存在

かなり守られてきたと思う。当時はあまりわからなかったが。プロジェクトを始めた当時の担当役員からは、別にうまくいかなくてもちょっと勉強してきたらいいよとか言われた。その後何人か担当役員は代わっているが、このプロジェクトを続けるという**経営の意思は受け継がれてきた**。トップの強い意思もあったし、**人事上の幸運**も若干あったと思う。

周囲からの認知や祝福

個人的に言うと**祝福されすぎ**ではないかと。新製品の開発は、結果的には当たり前のことをやっただけだと自分では思っている。時間かかりすぎているし、まだ十分儲かってない。イメージリーダー的に取り上げてもらったので成功したということになっているのではないかと思っている。

自分の継承について、そのほか

経営の企画の人は、お金には愛情があるが、ビジネスの中身にはそれほど愛情がないのではないか。研究開発者は愛情があるので事業化の一歩手前まで自分で持っていくのはいい。実際に製品が世の中に出ていくところまでやりきる人が、もっと出てくればよいと思う。そうしたやり方については、**役員クラスの判断が大きい**と思う。ただ、最近は研究開発に対する管理がだんだん厳しくなっているので、勝算があまりないようなことでもやってみようという考えが通りにくいだろう。また、若い人がいろいろな人の話を聞きに行くことに積極的でないし、海外の学会などに出かけてネットワークを作ることも減っている。

自叙伝

〈この新製品開発に取り組んだ経緯は〉

一つは、わが社が１９８０年代から90年代にかけてすごく調子が悪くて、なにか新しい事業を行うということで、いろいろ考えたらしいんですけど、既存の技術を展開して新事業をやろうと。で、当時遺伝子組み換えができるようになっていたので、遺伝子組み換えを使うと画期的な新製品ができて、儲かりそうだとどの会社も考えていた時代でしたね。

もう一つは、当時の社長がおっしゃったと言われているのは、自分たちの事業のルーツに対して恩返しができるような製品を作りたいと思ったということなんです。そんなときにオーストラリアのベンチャー会社が、日本のバブルのころだったんであっちこっちの会社に声をかけて、例えばTG社とかKR社さんとかに声をかけたらしいんですけど、まあ、わが社と話ができたので、一緒に共同開発することになったと。

当時も、遺伝子組み換えによる新製品開発の考えはあっちこっちにあったと思うんですけどね。僕が、入社7、8年目ですね。以前僕は、酵母とか微生物のグループにいたんですよ。微生物で有用タンパク質を作らせると、まあ、酵母の遺伝子組み換えなんですけど、それで、今度は植物の遺伝子組み換えをやろうということで、ちょっと部署を異動して取り組み始めました。理屈は簡単なんですけど実現は大変難しい取り組みでした。

当時は今と全然違うので、遺伝子1つを取るのも結構めんどうくさい話なんです。それを取れるかどうかさえわからないんですけど、オーストラリアに行くときにどっかで読んだのは、世の中簡単にできることはないけど、やってやれないこともあんまりないというようなセリフをどこかで見て、じゃあやれるのかなと思って行きましたけどね。

ただ別に、発明っていってもパッとひらめいて発明するものもありますし、ひらめきではなくて、ひたすら実験の積み重ねみたいなところもあるんですよ。だから、バイオの分野は、1人でコンピューターソフトを作って、ベンチャー作ってというんじゃ全然なく、みんなで一生懸命実験するしかないんです。競合があるので、遺伝子は特許で押さえられますから、競合よりも少しでも早く遺伝子を取って、特許出願するというのが大事なことなんです。

〈肩に力は入っていなかった印象ですが〉

まあ、やったらできるんだろうなって。うまくいくかどうかはわからないですけど、そんな深くは考えなかったです。日ごろ反省することが多いんですが、僕は正直あんまりちゃんと考えてないんですね、深くは。だから、あんまり根回しせずに話を進めたりとかですね、昔は結構それでよかったんですけど、最近はそれはあんまりよくないらしくて。昔は会社もいい加減だったかもしれないけど、僕はちょっとツメが甘いのかなと。

〈自身の特性についてはどうとらえておられますか〉

人と交わったりするのはあんまり好きじゃないです。だから1人でじっとしてるのがいいですね。実験はするんですけど、あんまりそんなにワイワイガヤガヤとは……。わが社らしくないかもしれませんけど。今日もここのオフィスの小さい部屋に朝からずっと1人でいたんですけど、そういうところで1人で仕事してるのが多いので、人と話したりするのが全然得意じゃないです。

ただ、あんまりその、深刻に考えてもわからないですよね。世の中理屈だけでうまく動くわけでもなし、生き物相手なので技術的にはまったくブラックボックスみたいなところがあって、何億年か進化してきたら今みたいになるわけですよね。偶然の積み重ねなんで、あんまり深く僕が考えてもわからないので、とりあえずやれることは徹底的にやると。

何ですかね、遺伝子との競争なので、やっぱりこれも大学院のときの経験からですけど、世の中同じ研究をしてる人が世界に何人かは絶対いるので、どんな研究でも。負けたらダメなんで、というと、今時流行りませんけど、ハードワークしかないわけですよね。だから、土日も会社行ったりして、大学院のときも会社入ってからもそうです。それはもう一生懸命やりました。それが正しいのかどうかわかりませんけど。

〈生い立ちについて教えてください〉

画期的な何かがあったわけではないと思います。だって運動も全然できなかったからいじめられたりね。それはよくわかりません。

小学校の低学年のときから、図鑑とか、擦り切れるくらい読みましたね。理科とか生物は好きでした。それは別に親の影響とかそういうのではなくてですね、たまたまですね。今でも生物の番組とかよく観ますね、ＮＨＫの「ダーウィンが来た」とか。大学に入ったら生物の研究をしようと思って、基本的には理学部の生物一本です。

やってみなきゃわからないし、とにかくやってみるか、みたいなそういう感じです。実験科学はそういう感じですね。理論科学とは違うんです。根気良さっていうか、ずっと続けるっていうのは割とね、小さいころからありました。諦めが悪いというか。そういう粘り強さだとか、こだわりみたいなものは、性格的に持っていたと思います。

大学4年生から研究室に配属されて実験を始めるんです、大学4年生、修士1年、修士2年。その研究室の雰囲気が好きだったというのが結構あったのかもしれません。実験をとにかくしようという。

その雰囲気が好きだったですね。たまたま就職したような感じで、家が裕福だったら大学に残ったかもしれないしという感じですかね。当時は就活っていう言葉がなかったので、教授の推薦でこの会社にポンっと入っちゃったという感じですね。

当時そんなに真剣に考えたわけでもないんですけど、たまたま付いていた先生が東京に行ってしまったので、僕も東京に行くか、テーマを変えてそのまま大阪に残るかというんで、どっちにしても大変だなというのはあったんです。

東京で生活するのはなかなかお金もかかるし結構大変だろうなと思い、まあ、そういうときに就職という選択肢があったので、まあいいかと。それもそんなに考えてないです。そのときは会社のことを調べて、エントリーシート書いてっていうのもないから、どこの会社がどうっていうのも知らずに、この会社だったら昔から知ってるし。

〈入社後の経験については〉

僕は大学のときは主にタンパク質化学というか、古典的な酵素学をやってたんですけど、そのころやっと、遺伝子工学というか、分子生物学的なことが一般的になってきたので、入社前に別の研究室でちょっと1ヵ月くらい研修して、入社後に分子生物学的な手法を身に付けたんです。

世界中がわーっと遺伝子関連の研究や開発をやり始めたころだと思いますけど。やっぱりとても面白かったですね、技術的に。今までわからなかった、例えばアミノ酸配列を決めるっていうのはとても大変だったんですけど、遺伝子配列決めるのは割と簡単なんで、どんどんわからないことがわかってくるというのは、結構面白かったです。

大学に残れば、タンパク質の研究をずっと続けていたと思いますけど、立場が、環境が変わりましたからね。まあ、そういう新しい環境がたまたまよかったんだと思います。環境が変わるっていうことがある意味大事なんだなと。それで6、7年くらい、医薬品になるようなタンパク質を作るということをやりました。でも自分で何やっていてもこれは世の中に出て行きそうな感じがないなというのがわかってきて、これやっぱり変化がいるかなとなんとなく思ってたところにこういう話があったんです。海外に行きたかったたっていうのが結構大きいかもしれないですね。オーストラリアっていいですよね。物騒でもないだろうし、英語圏だし。

〈幸せの出会いだったわけですね〉

そう、比較的「幸せの出会い」だったわけです、そういう意味では。工場配属とかだったら全然違う人生だったたですね。

勝算としては、遺伝子を取れたらなんとかなるだろうというのは思ってたので、競合はわかりませんけど、まあ、なんとかなるかなというくらいですかね。野心とかいうのは特にないんですけど、さっき申しましたけど、何か結果が出たら論文を出すというのは、研究者のけじめだとは思ってますが、それが目的ではないです。どんなマイナーな分野でも競争があるので、やっぱり野心というのではなくて、そこは負けるのが嫌だからという。やるからには1番を取らないと。特に知財のことがあるんでね。他社が同じことをやってるという話も聞いてましたし、オーストラリアのベンチャー会社なので、そこで負けると会社がパーッ。

負けず嫌いは負けず嫌いですよ。あんまり表には出しませんけど。ただ、短距離ではないんで、研究なんでね、1年とか2年とかずっと積み重ねていかないといけない。でも負けず嫌いです。

〈オーストラリアに行かれるときは周囲からどのように言われました〉

当時の担当役員からは別にうまくいかなくてもちょっと勉強してきたらいいよとかって言われたんです。非常に優しい言葉で。本音かどうかは知りませんけど、それで送り出されて、行きましたけど。だからといって別にできなくてもいいとは思いませんでした。

会社の命令なんで断るというのも基本的にないんだろうと思いますけど。喜んで行きました。学生のころから海外旅行とか好きで、いわゆるバックパックでヨーロッパに1ヵ月くらいの旅を2回くらいしてますね。オーストラリアには4年ですね。最初は2年間のビザを使って2年くらいで帰ってくる予定だったんですけど、なかなか代わりもいないとか、できる前に帰って来るなとかいろいろ言われて結局4年いました。

別に現地の会社のボスがいるといっても、業務は単に研究をするので、そういう点では日本での生活とそんなに変わらない。経営に携わるわけでもないし。当時お金のこととか全然、理科系の人間ですから、何もわからない訳です。会社の価値とかもそんなのも。向こうに行ってからいろいろベンチャー会社のお金が尽きてくると、いよいよお金を集めないといけないとかいう話があって、お手伝いを若干しましたけど。それまではまったくお金のことは気にしてないです。

最初の2年はわが社が研究費から金を出して、あとの2年間はオーストラリアの会社が調達するという話だったんですけど、植物の開発というような気の長い研究をしている会社にお金を出す人はそんなにいないので、いろいろあって、オーストラリアの税制を利用して研究費を調達することになりました。その場合、わが社との合意もいるので、いろいろ交渉の間に入ったりということがあって、そのときからやっとなんとなく経営というか、お金がないと大変だなということがわかるようになりましたけど。

正直言うと、しんどかったですね。日本語で聞いてもわからない話を英語で聞かされるので、ストレスフルでしたけど、いい経験と言えばいい経験ですけど。やっぱり儲からないとだめだなということは、身に沁みました。

大学の研究者は自分でお金集めてきたら、面白い好きなことをやってたらいいんですけど、会社の場合は、面白くってもそれが役に立たなくて世の中に出ていかないんだったら、それはもう切らないといけないというか。それはだから趣味でやっていたらいいというんじゃないですね。

日本に帰ってきても、まあ、いろいろな研究をして、サイエンスとしては面白そうなことはいろいろあるんですけど、まあ、メインのところは自分たちでやるけども、面白さの部分は、言葉は悪いですけど、大学の先生にやってもらって、そこは広げてもらって、成果が出たら……。昔は、共同研究は今とは違って契約でガチガチではなかったんで、口約束で済んだんです。論文の名前は先生にとってもらって、特許権はわが社にもらうとか。

〈仕事に取り組むモチベーションはどこに〉

負けたくないというか、やり始めるとそうなんですけど。やっぱり人と同じことをやるのは嫌なんで、ちょっと違ったことをやろうと。同じことなら人より先にやろうというのはありますね。

入社したときにそういう明確な考えがあったわけではないと思いますけど、行動パターンから見るとそういう感じじゃないですかね。あんまり大勢と一緒にやるとかついていくとかいうのはあんまり。だから今でも通勤はバスには乗らないんですけど、電車には乗るんです。バスをずらーっと待ってるのは荷物になったような気になるんで嫌なのです。駅まではいつも歩いています。ちょっとへそ曲がりというかそういうところはありますよね。人と一緒は嫌だというか。

それは学生のころからです。世間一般とはズレていた。理学部の生物ってそういう感じの人ばっかりです。大学の健康診断ではどこの学部かすぐわかるっていうことです。理学部は、人と目を合わさないとか、途中でいなくなる確率も高いとかっていう話も聞きました。

〈失敗のリスクについては〉

失敗したらどうなるのかというのは全然考えなかったです。ですが、最初の1年半くらいで遺伝子が取れて、特許を出願して、後でわかるんですけど、一番早かったんで一安心ですよね。そのあと理屈から言うと、遺伝子っていうのは生物で共通なので、目的の植物に入れたらそれはそれなりに働くはずなのですが、いろいろ工夫しても全然こちらの仮説通りにできなくて、おかしいなっていうので、いろいろやったんですけど何をやってもうまくいかないというのが2年くらい続いて、その間向こうはお金がなくなってくるしっていうので、ちょっと暗黒の時代みたいな感じでしたけどね。

わが社は昔からいろいろやってたみたいですね。石油掘ったり、うなぎの養殖をしたりとか。バブルのころはハワイでホテルか、レストランとか出したりとか。多くは撤退してるでしょうが、いろいろなことをやってきているとは思いますね。もっとも今回のようなサイエンスベースは少ないと思います。医薬事業自体にはかなり投資していましたが、本体とは別の会社というような感じで、実際、のちに分社化されました。

社内でも失敗事例はいっぱいあると思いますけど、今まで失敗したことにそこまで言われないですね。失敗して二度と起き上がれないというようなことはないと思います。そうすると誰も何もやらなくなってしまうので。いろいろな買収とかもしてますけど、全部がうまくいってるわけではないですから。止めるときはあんまり発表しませんからわかりませんけど、多分いろいろあると思います。

で、わが社の場合は、最後に事業部に行って自分で売るところまでかかわることがあります。例えば、健康食品の関連会社があるのですが、われわれと一緒に机並べてやってた研究者がたまたま有用成分を見つけて、それを商売のネタにして、その人が結局事業部なり、健康食品の会社なりに異動して。最後は別の部署に行ったりすることもあります。自分で商品を持って売るところの手前くらいまでいくというのは、結構ありますね。特に小さい組織は。大きい組織にはそういうのはあまりないかもしれないですけど。

ある程度、そういうのが次々出てくるっていうのは会社のなかのベンチャー企業が発展していくようなものなんで、それは結構いいことかなと思っています。特に健康食品とかの効能やメカニズムとかって言い出すと、パッと来た人や営業の人とかにはわからないんですよね。自分で開発してきた人でないと言えないこともいっぱいあるので。

ただ、特に小さいところから始まると、愛情を持ってない人はすぐ止めちゃう。業績があがらないのに何年も自分が担当してると、出世ができないから止めましょうとなる。サポートする人がいないと長くは続けられない、健康食品も最初の何年かは全然売れなくて、売り方を変えて初めて売れたという例もあります。やっぱり愛情がないと。研究者の方はね、結構愛情があるんですね。上の経営の企画の人とかは儲かるか儲からないかだけなんで、お金には愛情があるんですけど、ビジネスの中身には愛情がないですよね。愛情がありすぎてもあんまり良くないのかもしれませんけど。

〈周囲からのサポートについて〉

直接言われてるものもあるし、上の人がブロックしてくれているのが結構あったと思います。当時はわが社が全然儲かってなかったころなんで、本体に影響するほどのことではないんですけど、やっぱりいつまでも結果が出ないのに何をやってるんだという話は結構言われたと思うんですね。追加の投資もしてますし。当時の役員の人が役員会でいろいろ説明して、僕らはそのための資料の下書きみたいなのを作ってましたけど。

途中で何人も担当役員は代わってるんですけど、やっぱりこのプロジェクトをなんとか続けようという経営の意思というか、まあ、トップの意思もあったのかもしれませんね。

現場は現場で、雑音を入れずにやっといてもらったらいい。だんだんそういう話は日本に帰ってきたらわかるようになるし、そういう説明のための資料作りみたいなのが出てくるわけなんですけど。今になってみたら結構ブロックしてくれたんだろうなというのはわかりますけどね。現場でやってるときはあまりわからなかった。担当役員がこのプロジェクトを気に入ってくれる人が多かったんでしょう。

とはいっても、チームが大きくなったり小さくなったりとかあるんです。すごい人数で取り組んでいるわけじゃないんで、チームは誰が欠けてもうまくいかなかったと思います。

これはオーストラリアの会社とずっとやっていましたが、オーストラリアの会社が年間数億円の赤字を出し続けてるんで、いったんわが社が買収することになったんです。会社の買収は研究所の人たちではできないので、たまたま担当役員がXX部から来た人だったので、その人がいらっしゃったので話がまとまったっていうのはあるかなと。そういうタイミングのときに、理解ある上の人がいたから話がつながったというのはあると思います。なぜかいつも担当役員、役員クラスの人で応援してくれる人がいて、なんでかわかりませんけど、たまたまでしょうかね。

僕がさっき言ったXX部から来た人以外にも、なぜかとっても可愛がってもらって、その人がいなかったら僕は管理職にもなっていないと思うんです。別にお世辞を言うわけでもなんでもないですけど。それから、最近の役員でも買収の後始末ですね。買収したあとうまくいかないから閉めちゃったんですけど、そのときも誰か責任を取らないといけないという話になりますよね。その人もなにか言われたのかもしれないですけど、一切僕には苦言とか愚痴とかというのは言わなかったですね。

〈マネジメントのうえで気を付けていることは〉

僕はあんまりマネージャーとして優秀だとは思わないんですが、うまくいかないときに人のせいにしたりとか逃げたりしないようにはしてます。会議は月1回くらいなんですけど、細かいところは直接話して、何をどうするっていうのは決めますし。

90年代末ごろ、研究所で何をやってるかが本社からはよく見えないので、4つくらい重点テーマを選んで、役員に3ヵ月おきに報告するというのをやったんですけど、そのときは半年に1回くらいかな、今の会長とか副会長とかに直接報告しにいって、ある意味経営層の関心もうまく得ることができたように思います。ほったらかしだとだらだらしたかもしれません。

僕のマネジメントスタイルは基本、勝算があんまりないようなことでもやってみたら、です。やめといたらという方が正しいのかもしれませんですけど。でもそれはさっき申し上げた実験系の話なので、何が当たるかわからないからです。

生物はすごく多様性があり、ここまで進化してずっと生き残ってきたわけです。それを遺伝子工学でちょっと無理して性質を変えたりしてるんですけど、それはそれなりに少し無理があるので、うまくやらないと生物が言うことを聞いてくれないなという感覚はあるんですけどね。

GO－NO GOの判断は、それがあらかじめわかっていれば何も苦労はないので。まあ、基本的には止めないですけどね。ただ、昔と比べて研究に対する管理が、だんだん厳しくなってきてますよね。あんまり好き勝手なことはできないようになっています。今の時代だとちょっと僕は生き残っていけなかったかなと思いますね。

〈祝福されていると感じますか〉

個人的に言うと、祝福されすぎではないかなと思っています。別にこの開発は理論的には当たり前の話なんですよ。だから、時間かかりすぎてるし、まだ十分儲かってないし、これだけ有名になったのは広報効果がすごくあるんですよね。わが社の広報がすごい力を持ってて、発表のときかなりの数の新聞社が来ました。発表の舞台裏ではいろいろトラブルあったんですけど。

さっきも言ったようにXX部から来た人が担当役員だったので、7時のNHKのニュースに流してもらうっていうのが一番の広報効果だそうで、それはちゃんと流してもらったし良かったんですけど。それはサイエンスとして良かったというよりも、やっぱり広報力のおかげなのだなという風には思ってるし、メンバーもこれだけ広報効果があったからいいんじゃないかという人もいるんですけど、僕は今、関連会社の社外役員をしてるからわかるんですけど、やっぱり会社の商売としてやっている以上、これはまだ儲かってないんで、これで成功と言うのはちょっとどうかなって。それが正直なところです。

学会の賞とかもらってるんですけど、まあ、あげるっていうものはいただきますけど。あんまりそこは個人的には万々歳という感じではないですよね。

ビジネスと言えるところまではいってないですよね。最初の物を開発するというのと、実際にそれをちゃんと商売まで持っていくのはまたすごいハードルがあるんで。それも最初からわかってるだろという話もあるんですけど、それはまたそれでいろいろな苦労があるわけなんです。だから、イノベーターっていうのもちょっと恥ずかしいなって。

〈今回のイノベーションから学べる点はどのようなことでしょう〉

もともとわが社が医薬品を酵母を使って作らせるということをやってたんですけど、取れた遺伝子を酵母とか大腸菌で評価するというやり方は当時としては珍しかったんです。それがあとで業界のスタンダードみたいになったので、それは良かったかなと思いますね。

まあそれなりに他のところでの経験が役に立ったというか。僕にとっては当たり前のことではあったんですけど。他の分野の研究者にとっては新しいことで、その後それを教えてほしいというのは結構ありましたし、教科書とかも書いてます。それで特許を先行することができた。特許の出願日の差が本当に2、3ヵ月とか半年くらいなんで、それがないと逆転されていたかもしれない。

それまでまったく関係のなかったような違う要素を結びつけていくっていうのが、多くのイノベーションのポイントになっていくということでしょうか。僕も今でもできるだけ学会とか講演とかに行くようにしていて、いろいろな人の話を聞いて、その時点では何の役に立っているかわかりませんけど。若い人たちが積極的にそういうところに行かないのが残念なんですけどね。

〈社外のネットワークについて〉

割と学会とか大学の先生とは良好にお付き合いしてきたというか、可愛がってもらったというのはあると思いますね。まあ、そんなに研究費を出しているわけではないのですが。もう20年以上付き合っている人とかも結構います。いろいろなことを教えてもらって、一緒に酒を飲んだりワーワー言ったりとか。

僕あまり人と付き合うのは得意ではないですけど、そういうサイエンスの世界では、上の先生方からは評価されていて、学会賞とかをいろいろいただいています。ややこしいことでも頼みに行けたりするんですね。下の世代がどうかはわかりませんけどね。

自分の知的なネットワークを広げることに対しては、かなり積極的かつどん欲にやってきたと思います。海外の学会とかにも行って、僕と同じくらいの世代の人は知ってるからいつでも連絡取れるとか、会ったら話しするとか、日本に来たらちょっと遊びに寄るとかそんな話ですね。そういう意味では、次の世代の人はやってないといえばやっていない。もっとやらせたらいいのかもしれないですけど。

〈承継について〉

社会情勢というか世の中の研究に対する姿勢っていうのは、昔は中央研究所を作っておいてなんかやってたら成果が出てくるだろうと思って、われわれは中央研究所にいたわけですけど、結局それでは何も出てこないというのが最近の考えです。ちゃんと管理してという風になってる。そうするとかえって出てこなくなるのかもしれませんけどね。

ただ、若い人はそれが当たり前と思ってますから、そこから何か出てくるのかもしれませんけど。

ある程度きっちりゴールを設定してやる研究以外にちょっと面白そうな研究をやって、それを商売にしようという人が出てくればいいのかなと。

面白い研究は誰でもやれるんですけど、本当に世の中に出ていくのかどうかっていう、そこまでやりきる人が出てくればいいのかなと思うんです。そういうのが個人によるのか会社の風土によるのかちょっとわからないですけど。多分、役員クラスの判断が結構大きいとは思いますね。

若い世代というか、最近の大学生とかあんまり海外に行かないという話を聞くので、海外に行って欲しいなと。行けって言ってるんですけど、なかなか日本が良いということで行かない。もう少し海外に行って、観光でもいいのでいろいろな経験をしてもらいたいなと思ってるんです。わが社には割と積極的な人が入ってくるので、海外に行きますっていう人もまあいるんですけど。特に女性とかね。

〈趣味は?〉

本は、子どものころから年間100冊以上読んでるんですが、目が疲れるのか、最近は音楽鑑賞、モーツァルトがほとんどですね。大学のころからですが、自分は音楽全然できないんですけど、なぜかモーツァルトが好きなんで。「アマデウス」っていう映画ありましたでしょ。あれを3回くらい観に行きました。舞台も観たし、原作の戯曲も読みました。自分では自覚してないんですけど、年を取ってくると聴力が落ちるんですよね。人間ドックに行くとわかるんです。やっぱり若いうちにいろいろやっておいた方がいい。

モーツァルトはあんまり騒々しくないけど、楽しいというかリラックスできる。ワーグナーとかはちょっとうるさいかな。今でも自宅では、休みの日はヘッドホンではモーツァルトが流れてます。最近はユーチューブ（YouTube）があるんで、便利な時代ですね。昔はレコードしかなかった。

まあいろいろやってみようとは思いますよね。今のうちにやっておこうと。無理してでも今のうちに。去年も山に登ろうと思ってですね、みんな登るから、富士山より高いところに登ろうと思って、ボルネオの4000メートルちょっとあるキナバル山に登ってきました。富士山ではちょっと芸がないなと思ったんですよ。キリマンジャロとか5000メートルはちょっと無理だろうな。

【所感】

研究者としてのバックグラウンドをもったイノベーターは典型的にはこういった人物なのだろうと思わされる人物である。肩に力が入っていない。コメントが常に前向き。技術（サイエンス）の話になると表情が明るくなる。人と会うのは好きではないと言いつつも、レベルの高い人脈をしっかりと構築維持している。そして、コメントにあった「企画の人はお金が好き。我々は製品に愛がある。だからわれわれが最後の近くまでみるべき」という言葉は、多くの研究開発に携わる方の共感を得るかもしれない。

われわれが特に感心したのは、このプロジェクトの担当となる上司や経営レベルの方が代替わりしてもそのサポートを継続してきたという点だ。これは、企業としてイノベーションを追いかけるという、企業としての戦略的意図（Strategic Intent）が明確でないとできないことであろう。

もちろん、大事な時期にそうした「ガーディアン（守護者）」の役割を果たした人物のバックグラウンドが、既存の事業の継続のみならず、新しいことやものの価値を積極的に理解している人物であったという幸運なめぐりあわせも彼に味方したかもしれない。イノベーションには、こうしためぐりあわせや偶然のタイミングなどの「運」が一定の役割を果たしている。彼の場合は、こうした（主に）人事上の幸運も手伝って新製品の開発を一貫して追いかけることができた。イノベーションの成功の多くにはこうした幸福なめぐりあわせが関与していることは、否定できない現実だろう。

4　主君不要の稀代の軍師

物語要旨

〈主なイノベーション〉

それまで何年もの間苦戦を強いられた事業において、市場についての深い洞察力と画期的なマーケティング手法の導入で同社の収益の柱となるまでの変革を短期間に実現した。

資質形成に強い影響を与えたこと

幼少のころは、地元の有力者であった祖父に可愛がられた。他方で、強権的な教師など、**権力や圧力に対する反発心**は幼いころから強かった。中学生のときに出合った本に衝撃を受けて以後、**本が自分の知的好奇心と論理性の原点**となっていった。本をよく読んだ。特に歴史小説。高校時代から「権力におもねることなく、諫言《かんげん》を辞さない」補佐役や軍師が好きだった。ただ、学生時代を通じて目的意識は強くなかったし、**ことさら「表」に出るのは好きではない**。それでも、周囲から言われれば部活の部長なども引き受けた。その場合は、自分にない人脈や能力、人間性を持つ人間をそばにおいた。**企画することが好き**だった。面白いアイデアを持つ人間を引き上げ、それを実行に移す裏方なり表方なりをやるのは楽しかった。大学では司法試験の勉強などで論理的思考力が鍛えられ、後に非常に役立った。

就職後に能力や姿勢に大きな影響を与えたこと

入社後は**想定外の部署**に配属され、3年ほどは言われたことだけをやっていた。だが、その後の2年間の**海外トレーニー（米国）で大きく成長**を遂げたと実感。自分で問題を探さないと仕事などないのだと意識が大きく変わった。周囲に日本人がいないなか、一人で全米を回ってインタビューや調査を行い、自分で仮説を設定・検証して会社に提案するという基本姿勢が形成された。「**夜は本、昼は現場**」のスタイルも確立。年齢や序列にとらわれず、データや仮説が面白ければ議論してくれる米国のカルチャーが好きだった。

その後、商品企画に。当時の上司や仲間は**刺激的な人ばかり**で、若い自分の意見も尊重してくれた。**個性派ぞろいの集団**に入り自由に考え、行動できた幸せな時期であったと思う。このころから自分を戦略屋と認識し、課題を考えるときには**まず関連分野の一流の人に会いに行き**、自分の思い込みや知識不足を理解することから始めるようになっていた。

イノベーションに挑戦するきっかけ

30代前半から、セオリーにとらわれないで企画をすることの**本質的な面白さ**に気づき始めた。資格試験や大学院受験などの勉強を通じて理論的な知識を体系的に学び、自分の考えや経験を俯瞰《ふかん》できるようにもなっていった。そして、自分の実業経験と先人の理論を融合させたいと思い始める。ある製品のローンチキャンペーンにおける試行錯誤と成功を大きな契機として、30代後半に当該対象製品事業の統合型マーケティング戦略に取り組むことになったが、**特にイノベーションを起こそうと肩肘を張ったわけではない**。チームでの自分の仕事は「意思決定」と「説明」であると明確に認識し、そのための**十分な準備**をすることが最も重要と考えた。例えば、あらゆる選択肢を想定しつつも成功確率や期待値で判断しない、チームメンバーの選定にこだわり、新たなメンバーは基本的にリファラル（チームの目的や価値観を理解した人による紹介）で採用する、企画をしたら実行にも強く関与する、などの**自分独自のスタイル**を確立していた。

リスクや失敗に対する認識

新しいことは基本的に失敗すると思っているので、失敗を失敗と思うことが少ない。過去に先達が苦労したテーマなら特に思い切ってやれる。ダメでも、やっぱり難しかったかと思うだけだからである。

一戦必勝を気負うのではなく、**「大敗しないこと」を意識**する。リソースと士気が残っていれば、多少の失敗はすぐに修正できるからだ。また、それまでの失敗の多くは社内の政治的要因によるものであり、企画それ自体の失敗と認識するものは少ない。社内政治での失敗についても少なからず学びがあった。

達成感ややりがいについて

新しいことをやるなら、**周囲から反発を食らうくらいの存在感**にならないとダメ。自分自身は社内で何を言われても気にならないが、自分たちの企画でチームや流通現場の皆さんが元気になったと聞くのは嬉しい。

天邪鬼なのか、皆がそうだと言っている意見を疑いたくなる性格。自社の企業文化にも心酔できず、精神論や社内都合が嫌い。それらに振り回されず、問題解決につながる（実行可能な）戦略アイデアを**考え抜くことがやりがい。**

ガーディアンや脇役の存在

30代中ごろまでは支えてくれる上司や役員がいたが、自分がマネージャーになってからは自分で切り開いていかなければならなくなった。最近は「イノベーションはマーケティング発でも十分に可能（≠技術ありきではない）」という考えを理解してくれる上司が減っているからだ。

脇役という点では、プロジェクトのロジを一手に引き受けてくれる「**右腕**」**の選定にこだわり、**自分はできるだけプランニングと意思決定に集中できるようにしている。また、課題や戦略構想を深めるプロセスでは、**議論の相手となる人選び**を重視してきた（社内とは限らない）。

周囲からの認知や祝福

既に自分より若い人が出世しているし、自分は社内でほめられたことも記憶にない。当社では、技術や現場改善のイノベーションを尊ぶ傾向が強く、戦略やマーケティングの貢献は軽視されがち。評価では、現場経験を軸とした専門性が重視されるため、機能横断的かつ企画中心でやってきた**自分は変わり者であり評価されることはないようだ。**

自分の継承について、そのほか

専門性を深めることで価値が生まれた昔と違い、**現代は会社や機能といった「ボーダー」を越えられる人でなければイノベーションは無理**だと思う。しかし、そういった人を育成・評価しておらず**サイロ化が進行**しているため、現在の会社の状況には**悲観的。**また、イノベーションを生み出そうとするなら（プロジェクト）チームの価値観が揃っていることが大前提だと思うが、そうした点を理解している上司も経営レベルで少なくなっている。

自叙伝

〈自身の特性についてどのようにとらえておられますか〉

普段あまり自分のことは考えないんですけど……まず、反権力というか、ロジカルじゃないことを力で押し付けられるのが昔からものすごく嫌ですね。

あと、SNSとかで人脈を広げることにも興味がないです。必要があって人脈を作らないと疲れちゃうタイプなので、SNSには近寄らないようにしています。その分、何か知りたいなと思ったら、できるだけその分野の一流の人に話を聞くように努力してます。

他には、新しいモノゴトや変化が好きですね。ただ、自ら社会を変えようというような立派な志は特にないんです。恥ずかしい話ですけど、大学を選ぶときも、何大学の何学部に入って将来はこうなりたいなんて何も考えてなくて、当時好きだった女の子が東京の大学を受けるというから僕も東京に行こうという程度の主体性でした。会社に入るときも似たようなものです。こんな感じで目的意識は薄いですし、自分の才能や可能性を信じたこともありません。何か原動力があるとすれば、圧力や権力に対する反発だったり、単にやってみたいとか面白そうという気持ちです。

周りに言われるのは、毀誉褒貶《きよほうへん》を気にしないタイプということですね。もう少し気にした方がいいよと助言されますが、同調圧力も苦手ですし、全体主義に馴染めないところもあって、天邪鬼なんだと思います。

〈どのような影響のもとに形成されてきたのでしょう〉

生まれが静岡県の片田舎で、一流企業の社員も周囲にいませんし、親も大学に入ってくれたらうれしいくらいにしか思ってませんでしたから、特にロールモデルはおらず、影響を受けたのはやはり本じゃないですか。

例えば、歴史家の羽仁五郎さんの『教育の論理』という本を中2くらいで読んだんです。難しい本と思いきや、論の立て方が気持ちよくてわかりやすい。割と感激して、親や教師に最近こういう本を読んでると言ったら、あんたは共産主義者になるのかと心配されたんですけど、背景にあるイデオロギーはさっぱりわかっておらず、問題提起や論理立てが印象的だっただけなんです。それ以来、他の難しそうな本を読んでみたりしていたので、田舎の大人から見たら小賢しく見えたかもしれないですね。

大学時代も本ばかり読んでました。今もそうですけど歴史小説が大好きで、特に司馬遼太郎先生の大ファン。思い余ってご自宅に行ったのも思い出です。

当時付き合っていた彼女が大阪にいたのでときどき遊びに行くんですけど、彼女が大学に行っちゃうと僕はすることがない。そこでふと、司馬先生の住んでる駅にでも行ってみようと思い立ち、東大阪の方に行って、交番でお住まいを聞いたら普通に教えてくれて……牧歌的な時代ですよね。で、ここまで来たらとチャイムを押してみたら、奥さまが出てきてくれた。「すいません、ファンなんですけど近くまで来ちゃって」とか言ってたら、ご本人が顔を出してくださって。焦りすぎてサインを貰うのを忘れてしまったんですけど。あのときだけは、あの衝動はなんだったんだろうと思います。

本はたくさん読んでましたが、小中高と大したことは考えていませんでした。それでも、当時から権威とか理不尽な圧力は不愉快に思ってました。自民党（と社会党）の55年体制が続いていた時代でしたけど、金権・密室政治でどうも感じが悪いと。可愛がってもらったじいちゃんが自民党の地方議員だったので親近感はそれなりにあったけど、なんでこんな体制が続くのかが不思議でならなかった。

学生時代は生徒会とか部活の部長もやってました。でも、目立ちたいというモチベーションはまったくないんです。前に出てもいいことないのはわかりますから。でも、やれと言われると、まあいいかと引き受けちゃう。断る理由も大してないんですよ。ただ、いま思うと、関わるメンバーの選定にはいつも条件を出してましたね。自分にない友人関係を持つ人を入れたほうが違う意見が入ってくるし、組織全体への影響力が最終的に変わってくると直感的に思っていた気がします。人選へのこだわりは今も変わらず、誰と仕事をするかは、何をするか以上に考えます。

小中学校の記憶はあまりありませんが、高校時代は最後の半年以外はまったく勉強せず、部活と遊び中心でした。特に文化祭や体育祭の出し物の企画みたいなことが好きでしたね。打ち上げが目的ですけど、それには企画が盛り上がる必要がありますから。自分としては、できたらリーダーには別の人を立て、後ろであれこれ策を巡らせ、アイデアを持つ人間や組織を動かしたい。だから、立てられたリーダーや周囲から「傀儡《かいらい》政権だったよな」といまだに冗談を言われるんですけど。

そういえば広告の仕事に関わっていたとき、代理店の人から「プロデューサー気質」と言われたんですけど、もし本当にそうなら、その芽はこのころからかもしれません。僕自身が表に立つことも少なくなかったけど、自分が前に出ることで先に進むならそうするというだけで、出なくて済むならそれがいいですね。

他に影響を受けたのは、三国志の諸葛亮（孔明）です。NHKの人形劇三国志を見てハマりました。日本人なら竹中半兵衛重治や石田三成など。当時から今に至るまで、好きな人物は「志をもち、権力におもねらず、諫言を辞さない補佐役や軍師」で変わっていませんね。主役は好きじゃないんです。ただ、諸葛亮は「天下三分の計」以降の大戦略が不在でムダな北伐を何度もして蜀《しょく》を疲弊させたなとか、好きな人や尊敬してる人でも引いて見るクセもあります。

〈入社の経緯は〉

当時はまだ就職氷河期で、同級生は資料請求ハガキを50枚、１００枚と書いてたんですけど、僕はどうもそこまでやる気にならず、数枚しか出さなかった。大学に来て勉強自体はそんなに嫌いじゃないとわかってきたので、大学院に行こうかなとも思ってたんです。

そんな話を友人にしてたら、「確かにお前にはサラリーマンは無理そうだもんな」と言われてムカッとしまして。そういう風に誰かに決めつけられたり、枠にハメられたりするのが嫌なんです。それで、俺だって一度くらいサラリーマンができるんじゃないかと考え、そこから数社受けたんです。

なぜ今の会社を受けたかと言うと、創業地が地元の近くで身近だったのとクルマが好きだったという程度なんですが、それでも自動車会社ならこっちだなっていうのはありました。昔のX社はいまと全然違って、保守的で権力的なイメージで、自分には違うなと思って。

今の会社は数少ない就職活動の最後に受けたんですけど、1次試験後の最初の面接の日に体調を崩しちゃったんです。朝から病院で点滴してギリギリまで粘ったんですけど、朦朧《もうろう》とするし、面接官に風邪をうつすのも悪いので、試験開始の30分くらい前にお断りの電話を入れました。

これで就活も終わったかと思っていたら1週間後に「もう受けなくていいの？」と電話があったのです。「機会があるなら受けたいですけど、体調を崩した自分の責任なので仕方ないと思ってます」と言ったら、「じゃあ一度おいでよ」と言われて。

部屋に入ると、面接官が一人だけ。最初はお決まりの志望動機とか聞かれるんですけど、だんだん話が逸れて、なぜか上杉鷹山の話になったんです。その方が山形出身だったんですよね。歴史が大好物な僕は盛り上がっちゃって、30分の予定が結局1時間半くらいになって。これで良かったのかと不思議な気分で帰宅したら、すぐに次の面接に呼ばれました。

また試験があり、直後に採点結果をもとに面接があったんですけど、「お前、できが悪いな」といきなり言われたんです。確か足し算をずっと横に続けていく試験で、そのときに初めてやったんですよね。普通に就活してる人は対策してるんでしょうけど、僕はまったくやってないからできるわけがない。ただ、どうも法律や経済の試験結果は良かったらしいので、開き直って「もし御社がこんな計算能力を重視するなら落としてくれていい」とか言っちゃったんです。かなり失礼だったんですけど、なぜか受かりまして。

それでも、会社から合格の連絡が来るまでにはだいぶ時間があり、もうすっかり落ちたと思ってました。そのころ、友達と一緒に受けてた公務員試験の1次合格通知も来たりして、どうしようかなと思ってた矢先に人事部から電話があったんです。開口一番「これからどうするの？」と聞かれたので「御社も落ちたんで、大学院に行くか公務員やります」と伝えたら、「落ちたなんて誰も言ってないだろ？　ウチに来いよ」と言うんです。あれ、まだそんな話あったんですかみたいな気分でした。

それでも、周囲に無理だろうと言われたサラリーマンを少しやってみるかくらいのつもりだったし、来いよと言ってもらえて悪い気もしなかったので入社した感じでした。

〈サラリーマンは無理？〉

やはり、上の意向に粛々とは従わないからでしょう。先生が言ったからとか、ルールだからとか、そういう理由付けがダメなんです。会社員になってからはさすがにやり過ごすことも覚えましたが、余計なことだと分かっていても何かを言わずにはいられない性質です。

あと、司法試験の受験予備校に行ってたので、周りには就職しないと思われていたのかもしれません。

最初は、せっかく法学部に入ったんだからと勉強を始めたのですが、ゼミの先生が商法の司法試験委員だった関係でゼミ生の多くが当然のように司法試験の勉強をしてたので自分も続けていた感じで、例によって強い目的意識は無いんですが、勉強自体は面白かった。思うところがあって受験はしなかったものの、法律の勉強で培った論理的思考や文章の書き方はのちにとても役に立つことになり、全然ムダじゃなかったと思ってます。

あと、学生時代から「年上至上主義」とか「経験至上主義」が苦手でした。この辺もサラリーマンに向いてないと思われたんでしょう。余計なことを考えずに俺の言う通りにやれ、というような指示は今も好きじゃないですね。

確かに経験は大事だと思うんです。でも、その経験って、ある個人のある時点のある環境下での話でしかないから、今は変わってるかもしれないし、その人が見えていない別の要因が結果に影響している可能性もある。そういう部分を整理しないで、経験者だから年長者だからという理由付けがダメなんです。一般的なビジネスの世界で言えば、年次や経験がどうあれ、良いアイデアを出した人が勝ちだし、それを実行した人が偉い。それだけの話だと今も思ってます。


〈入社してからの経験について教えてください〉

そんなに人付き合いが得意じゃない自分がなぜ営業配属なんだろうと落ち込みました。しかも最初の赴任地の仙台は今まで来たこともなくて、友達もいない。だから、何も考えずに毎日遅くまで仕事をしてました。目的意識もなかったし、仕事が楽しいとかつまらないとかすら考えていなかったと思います。

3年経ったところで突然アメリカに研修生として出されるんです。正直、海外に興味はなかったし、希望を出したこともない。英語もできないので悩みましたが、2年間という期限付きだったのと、同期に背中を押されたので行くことにしました。でも、ここで大きな学びを得た。若いころは人に流されてみるもんですね。

この研修制度がすごいのは、日本人が一人もいない拠点にいきなり放り込まれること。ミッションは、半年に一度の役員へのレポーティングだけ。それ以外の仕事は何も与えられないんですよ。当時の米国法人の日本人副社長が一応の監督者で、ロサンゼルスから月に一度くらい電話があるかないか。英語も全然しゃべれないのに、家も自分で探して契約しなくちゃいけない。最初はとにかく海外生活に慣れるのに必死でした。でも一段落すると、「あれ？　俺はここで何すればいいんだ？」と悩むわけです。そこで気づくんですよね。会社員になって3年間、自分は上司や先輩に言われたことをただこなしていただけだったと。自分で探さないと仕事なんてないんだと思ったら、意識が変わりました。

このことは、1回目の役員レポートで確信しました。一緒に行った研修生のなかに「アメリカ生活で学んだこと」や「職場の仲間とのオフの一日」などを報告する人がいたのですが、それはもう怒られてました。「お前にいくらかかってると思ってるんだ！」というわけです。やはり問題は自分で考えろということなんだと理解したら、方向性はもう明確でした。

例えば、僕はシカゴに1年、ダラスに半年、最後の半年はニュージャージーに異動したのですが、もともとの研修計画では2ヵ所だったのを上長に交渉して3ヵ所にしてもらったんです。自分の問題意識や仮説に合わせて多くの現場を見たかった。

実際、オフィスにいてもあまりやれることはないので、週の半分以上は出張してました。最終的にはアメリカ本土38州くらい、ディーラーは優に100店以上を回りましたね。毎月いくつかのテーマを持って、販売店の経営者やセールス・サービス・パーツなどの各マネージャーにひたすらインタビューをしていく。競合もたくさん訪問しました。向こうは一人のオーナーが複数のフランチャイズを持ってるので、隣の店も行きたいと言えばすぐ連絡してくれるんです。そういう日本と違うオープンさも好きでしたね。

デジカメで訪問先の写真をあちこち撮って、インタビューを手短にレポートにまとめて、わからないことは調べて、仮説に対する自分なりの回答をつけて月末に上司にメールする。これを繰り返していたら、ロサンゼルスの上司から電話が少し増えてきたんです。この間のレポートはどういう意味だとか、お前の仮説を米国人アソシエイトに伝えて反応を教えてくれとか。

そのうち、自分の仮説のどの辺が上司に刺さったんだろうと考えるようにもなりました。自分の言いたいことだけを言うのではなく、相手の関心事を考えてストーリーを作ることが大事だと知ったんです。今の仕事のスタイルになっていく最初の大きなきっかけは、この研修生時代の経験ですね。

〈面白かったのですね〉

ペースがつかめてからは充実してました。出張のない日は夜9時くらいまでオフィスでレポートの整理などをして、家に帰って一人でメシを作って食べると、その後は特別やることがないわけです。インターネットはまだ黎明期で動画も無かったし、テレビは何が面白いかわからない。結局、英語の勉強か本を読むかしかないんです。法学部出身で、マーケティング系の勉強が付け焼き刃だったこともあり、このころにだいぶ基本書の類を読みました。日本から大量の本を取り寄せたりしてましたね。

周囲に日本人がいないし、ローカルとは日常会話はまったくできない。昨日観た映画の感想すらまともに伝えられないんですけど、現場に行った感想やそこでの疑問といった仕事の話なら概ねわかる。おかげで英語もだいぶ慣れました。

あと、アメリカのカルチャーが合ってたのかなとも思います。今でもアメリカ人と仕事をするのは好きです。帰国後、プロダクトプランナーとして他国の人とも仕事をすることになるんですけど、職位や年齢で人を判断してくる国の人も少なくない。アメリカ人にもそういう部分はあるけど、ロジカルで面白いことを言ってたら英語が下手でも聞いてはくれる。そこが好きでした。

ちなみに、多くの学びを得たこの研修制度は、僕が終えた数年後に変わりました。日本人上司がいるオフィスで業務を与えられて仕事をする。しかも英語がそれなりにできる人が選ばれるようになったんです。でも、日本人がいたら日本人同士で話しちゃうし、指示も日本人上司から来ちゃう。それはそれでやりがいはあると思うけど、僕のように仕事観が変わるような経験にはならないかもしれません。

会社や世の中に余裕があったからか、組織のなかにある種の冗長性があって、それがこういうユニークな制度として残っていた。僕はその最後の方の世代で素晴らしい経験をすることができました。


〈研修後はどのような経歴ですか〉


帰国後の配属は、海外向けの商品企画を担当する部署でした。日本で3年、アメリカで2年と、現場で卸営業に近い業務を見てきたので、今度は企画系の業務をやってみたいと希望を出したら叶えてくれました。最初は、主に北米向けの商品企画を担当するグループに所属しました。

今でもそうですが、商品企画を担当するのは楽しくもあり、叩かれもするわけです。私の場合、30歳になるかならないかの年齢で、脂の乗った40代の開発責任者と切った張ったやるわけですから、まずナメられるんですよ。

でも、北米向け商品企画に関しては別です。競合まで含めたら200件近くのディーラーを訪問し、中西部・南部・東部で生活して消費者の違いも見てきた。リサーチもデータ分析もやってる。それなのに、現地に1週間ばかり出張したエンジニアが「ディーラーはもっと売価を上げても売れると言ってたぞ」なんて突っ張ってきて、こっちも負けるわけにはいきませんから食って掛かってました。それでもだいぶ年下には違いないので、普段は上下関係のような感じで仕事をしてました。

ところが、ある会議に一緒に出席した上司が「同じプロジェクトリーダーなんだし、あなたの部下じゃないんだから、呼び捨てはやめてくれ」と言い出した。チーフエンジニアは開発のリーダー、私は営業のリーダーで、職務としては対等なんだから、そういう扱いをしてほしいと言ってくれたわけですけど、逆に言うと自分にはそれだけの責任があることを自覚しました。

しかも、研修生帰りは周囲から「利益を出して返せよ」と冗談めかして言われるので、いろいろな責任感を勝手に背負って夢中で働きました。何よりも、自分が考え抜いて様々な調整をした商品企画がカタチになってヒットしたり、大きく利益を出すのがたまらないんです。おかげで、いろいろ揉まれながらも楽しい経験をさせてもらいました。

3年と少し経ったころ、同じ部内で事業戦略や中長期のラインナップを考えるグループに異動になりました。ここは7~8人の少数精鋭でやっていて、僕はまたここでも良い上司や先輩・後輩に出会い、徹底的に考え、遠慮なく議論させてもらいました。

特にこのグループに入ったことで、それまでずっと商品という単位で商売やお客さんを考えてきた自分の視野がぐっと広がりました。商品ラインナップ全体や技術戦略、生産能力といった様々な要素を考えながら、グローバルの視点で中長期の事業計画を考えていくプロセスに関わったからです。同時に、自分の知識の足りない部分も見えてきました。

この部署の上司や仲間は、決して口は良くないけど個性を否定しないんです。若いうえに、わかってても忖度《そんたく》をしない僕は、外に出たら「生意気だ」「出禁になるぞ」と言われてたんですけど、組織に戻れば「しょうがないヤツだな」で終わり。アイデアや企画を頭ごなしに否定されたこともありません。

これは別に僕だけじゃないんです。ある先輩が電話でエンジニアとガンガンやりあって、最後に捨て台詞《ぜりふ》を吐いて交渉決裂する。すると、上司が寄ってきて、まだ5時過ぎくらいなのに一緒に飲みに行っちゃうんです。その上司は「固定電話でモメてると、周りも何が起こってるかが共有できていいよね」なんて喜んでて、まあアタマを冷やしに行こうかみたいな。先輩は本気で仕事に取り組んでいるからやりあってる。そこは決して否定しなかった。

こんな感じで上司も仲間も個性的で、でも不思議な一体感もあって、そのなかで若手の僕はうろちょろしてただけ。それでも、この組織の端っこに加えてもらった経験も大きかったですね。

そして、このころから、企画系の仕事にのめりこんでる自分を認識し始めました。問題や解決策を考えることが面白くて仕方がないし、うまくハマって顧客や競合の反応が出るとたまらない。要するに戦略が好きだと気づいたんです。

当社では、営業・生産・開発・購買と自分のアイデンティティを出身部門で語ることが多いのですが、自分の生業は「戦略」だと思うようになりました。解くべき問題は何かを考え、戦略を練る。そのために頭をあれこれ巡らす時間が全然嫌じゃないし、考えた戦略は仕掛けたくなる。ときには上司を動かして社内政治もやりました。ただ、事前の根回しより、小さくカタチにしたり仮説検証をして、その結果で口説きに行くタイプでしたね。

戦略好きを認識したもう一つのきっかけは、30歳を過ぎて始めた勉強です。周りの友達は結婚しはじめたけど、僕にはそんな予定がまったくないので、違うことに時間を使おうと思ったんです。

ちょうど事業戦略に関わるようになってファイナンスの理解が浅いと感じたので、簿記から始めて、ファイナンシャルプランナーの資格を取った。そこで予備校からステップアップとして中小企業診断士を勧められたわけです。

それまでの資格は割と短期決戦でしたけど、診断士の講義日程は約1年。これは腰を据えてやろうと毎週日曜日は一日中講義を受けてました。この勉強を始めたことで、製造業や経営における自分の仕事を俯瞰でとらえられるようになったんです。

例えば、僕はそれまで「イノベーション」を単なる技術革新としか思っていませんでした。でも、イノベーションには様々な意味があると知り、なかでもシュンペーターの〝新結合〟が気に入りました。そうか、僕の仕事はアイデアやリソースをつなぎ合わせて商品として提案し、顧客の困りごとを解決して社会に価値を生み出すことなんだと気づいた。そう思うと、必ずしも技術ありきじゃなくてもいいはずだ。実際シュンペーターも技術ありきとは言ってないもんな。こうして自分の考える幅が広がってくるわけです。

こんな風に、先人が体系化した知識と自分の経験が合わさって視界が広がる経験にシビれちゃって、ますます勉強が面白くなる。そのうち、自分のやってる実業とこれら先達の知識を融合させるとどうなるだろうと思い始めて、理論と現場を両睨《にら》みしながら考えるという今の仕事のスタイルが固まってきました。

〈イノベーターになろうと?〉

イノベーションは理解したけど、自分で起こそうという意識を持ったことは全然ないし、今までの結果がイノベーションだとも自分では思ってないんです。正直、面白いからやっていたことが、そういう風に見られる結果になっただけ。

今回もこの企業内イノベーターに関するアンケートをもらって対象者探しをしたんですけど、周囲が口を揃えて「自分のことを書けばいい」と言う。でもそれはさすがに嫌なので、あるヒット商品を開発した方に一生懸命ヒアリングして書いてみた。ところがその方も、一読するなり「俺のは古い話だし、お前の方が面白いからそっちを出せ」とおっしゃる。それで観念しただけです。

自分が目指すのは需要創造。これで三方良しにならないことはほぼない。では、お客さんを喜ばせるには何の問題を解くべきか。これを考えているだけです。人がやらないことをやろうとか、イノベーションを目指そうとか、肩に力を入れたことはないですね。違う言い方をすれば、必要なら他社がやってることも平気でやる。その場合、相手より徹底的にやろうとは思うかもしれませんけど。

そもそもイノベーションって狙ってできるものじゃないと思うんです。ただ、現在の自分の考えを正確に言えば、「狙ってはできないけど、打率を上げることはできる」とは思ってます。

〈失敗のリスクについてはどうとらえていましたか〉

僕の頭のなかには、ゲーム理論のツリーやディシジョンツリーのようなイメージがあります。ただ、そのツリーには期待値が書いてない。考え得る選択肢を漏れなく想定するだけで、確率計算はしないんです。結局、その時その瞬間にならないとどういう判断が良いかわからないし、事前に期待値を決め込んで縛られたくない。極端な話、僕は自分の仮説にも縛られたくないんです。

物事には勢いがある。だから、イケるなと思ったらアクセルを踏むし、ダメそうなら素早く変える。

何なら日程も目標も変えます。そのとき、選択肢が頭のなかにあれば、環境や結果が変わってもあまり慌てずに済む。新規事業でもない限り、起こりそうなことはそれなりに想定できますからね。でも、自分で確率を振り始めると、余計な期待感を持って現象を見ちゃったり、確率が低そうなことを見なくなったりして、バイアスにつながってしまう。

僕ごときが生起確率を考えても当たりっこない気もするし、期待値はいつも変動しているはずです。何より、全部の因果律が算数でモデル化できると考えることは傲慢《ごうまん》だと思うんですよね。世の中も組織も、ゲーム理論が前提にするほどプレーヤーは合理的には動かない。例えば「場の空気」までモデル化して組み込めるならいいでしょうけど、やっぱり観察できないような変数が作用するのが現場だという実感があります。

今やってる事業改革プロジェクトでも、最初に「これは十中八九失敗するから、思いっ切りやろう」と言いました。事業改革なんて、これまであらゆる大企業が取り組んできて、成功したと言われる事例は一握り。要するに、先達の研究である程度わかってるのは、基本は失敗するということなんです。

失敗しそうだからやらないという発想はないけど、自分たちなら成功すると言える根拠も全くない。だから最初から成功しないという打率で考え始めるんです。そんな風なので、難しそうなことほど僕は気楽に臨んでます。

それでも「大敗しないこと」は考えます。大敗とは例えば、士気が壊滅的に低下したとか計画の半分にも満たない状況が長期間続くような場合です。狙った目標にちょっと届かないという程度の失敗なら、戦術を即時修正すればいいだけ。余力のリソースや士気が保たれていれば、原因を分析して次に臨めばいい。そう考えると、ある時点では負けに見えることも、単なるプロセスととらえることができる。一回負けたら終わりじゃなくて、止めたら終わりという感じでしょうか。

こんな僕でも明らかに失敗したと思うのは、ほとんど社内政治がらみ。自分の想定不足ですね。それでも一度食らえば同じ手は二度と食わないし、いったん死んだフリをしているとまた日の目を見ることも少なくない。おかげで、企画が通った通らなかったで一喜一憂しないクセが付きました。

〈期待値より選択肢が重要と考えられるのはなぜでしょう〉

リーダーとしての自分の主な仕事は、課題を設定し、戦略方針を定め、実行過程で意思決定をすることです。僕は頭も良くないし、ひらめきで意思決定ができるタイプでもないので、選択肢をある程度考えておく準備が大事になります。これにもきっかけがありました。

商品企画を担当した後、今回のプロジェクトの舞台になった国内営業のマーケティング部門に異動しました。そこで部長に「お前がパワーポイントを作るのは最初だけ。これからのお前の仕事は決めることだ。商品とチームの力を引き出せるように方向付けをしていくんだ」と言われたんです。

問題解決のアイデアを考えるんだろうと思って異動したので面食らったけど、実際に仕事が始まると、確かに僕は毎日のように決定を迫られました。しかも自分の一言で外部のクリエイターたちが一気に動く。そこで自分がブレるとメンバーも不安気な顔をするし、ムダな作業もさせる。

先送りするのは自分も嫌だし、で、自分の意識の中心が徐々に「良いアイデア」から「良い意思決定」にシフトしていきました。そのうちに、選択肢がある程度考えられてないとその場で決定ができないし、次回に持ち越すにしても理由が説明できないと気づくんです。

「何となくこっち」と決めるのは、リーダーの感覚や権力で言っているようなものですから嫌なんです。僕には特別なセンスもないし、できるだけ説明責任を果たしたい。事前に決めた戦略の原理原則に則りつつ、状況変化なども踏まえて、考えられる選択肢のなかからこういう理由で僕はこれを選びたいと説明する。考えて、決めて、考えて、を繰り返し、出た結果をさらに自分で考えることで、徐々に自分の型ができてきたように思います。

〈チームの作り方について〉

決定的に重視しているのがリファラルです。自分の知っている人だけでチームを編成すると限界があるんですよ。だから、僕と一緒にプロジェクトをやった経験があって、僕の価値観や仕事の進め方を知っている人に「今度こういうテーマに取り組むんだけど、誰かいい人いない?」と紹介してもらう。これが割と打率が高いんです。「なんでこの才能が埋もれてたのか?」と思うことも少なくない。

チームを新設するときは、最低でも3~4割は新しい人を入れたい。異質な意見やナレッジを入れないと新結合が起きないんで面白くないんですよ。この辺のバランスが重要ですね。

もう一つ。僕が預かるプロジェクトって難しい案件が多いんです。だから、上司の顔色が心配な人やリスク回避的な人、着実な成功や栄達を求める人には向きません。というか、そういう人が入るとお互いに不幸になる。逆に、アウトプットさえ出してくれれば、多少の変わり者でも問題ないです。個性派をうまく糾合すると大きな力になることは、自分も身をもって経験させてもらいましたから。

〈このプロジェクトに関してはどうですか〉

それまでの10年間、恐らく何百億円と突っ込んで商品開発や広告をやってきて、シェアは約10％落ちていたわけです。今度こそと言われたなかで僕が起用されて、まずは既存のメンバーにヒアリングをしました。でも、結局ほぼ全員代えました。基本的に、うまくいってないときは（メンバーを）代える、うまくいってるときはあまりいじらないというのが戦略の要諦なので、10年近くうまくいってなかったら厳しいんです。

実際、彼ら彼女らもいろいろ考えて取り組んできて、でも失敗の経験ばかり増えてるから、ちょっと負け癖がついていて、新たな戦略を立てても素直に受け取れそうになかった。だから代理店さんにまず謝りに行って、全員代えさせてくださいと頼みました。そして、この領域が未経験のメンバーをリファラルで選んで、アタマをまっさらにして市場分析から始めました。

チームでは、僕が最初に掲げた仮説を議論し、徹底的に調査・検討を繰り返したことで方向性が一つになっていきました。ところが、練り上げた戦略方針を初めて流通現場に伝えたとき、社長さんたちの落胆が見て取れた。広告表現でタレントを使いませんと言ったからです。社運を賭けるくらいの商品群なら、当時大人気のＡＫＢを全員起用しますくらいのこと言って、売り場にも「一緒に頑張りましょう！」とメッセージを出す作戦もあるわけです。

でも、僕らはその手は取らないほうがいいと決めた。もちろん裏付けの分析もある程度はあったので、社内で反論されても全然気にならなかったんですけど、流通現場の皆さんの士気が高まらないのはさすがにツラかった。でも、その初期反応はチームには伝えず、戦術を一貫して実行できるよう集中させました。

周りの反対があるから止めるっていう判断は僕にはないですね。逆に、反発がなかったら見込みが薄いと思います。特に、それまでうまくいってない状態にもかかわらず皆が賛同するような案はだいたい先達も思いついてるハズで、何かしらやってるんです。でも結果につながってない。だから、反発食らうくらいのアイデアでないと状況を変える一手にはならないと思ってます。

〈チームマネジメントについて特に注意していることは〉

「意思決定の説明責任を果たす」ということ以外で言うと、「粘り強く、楽観的に構える」ことでしょうか。特に戦略の実行段階に入ったら努めて楽観的に考えるようにしています。戦略の方向性がまったく違っているのでなければ、戦術はあれこれ試せばいいと考えているからです。

ちなみに、僕は飲みニケーションはほとんどやりません。忘年会や歓送迎会を除き、仕事のコミュニケーションは仕事で取るのが基本です。だいたい50人、100人のチームを預かると全員とはじっくり飲めないんです。現代は飲めない人も割といますしね。飲める人とだけ話すというようなバランスの悪いことはしたくない。だから、仕事中に話をしてしまう。その分だけ余談が増えて、会議が長くなることも少なくないんですが……。

あと、チームによく言うのは、自分たちは単なる企画屋じゃないということです。「少し背伸びをすれば実行できる企画を作る」のが仕事であって、企画が終わったら後は実行部隊でよろしくというような仕事は、基本的には受けないようにしています。企画の趣旨を最もわかっているのは企画したチームなので、実行時に魂が入るし、より責任感を持って仕事に臨めますしね。

抽象化と具体化の往復運動。僕がチームと日常的にやっているのはこれです。理論だけ、分析だけもダメ、現場だけもダメ。「取ったデータは偏っていないか？」「この案は問題を解決するのか？」「背伸びすれば現場で実行できるのか？」それらを徹底的に考え抜くと企画書やプレゼンに魂が入る。自分の知識や経験、あるいは組織の役割にこだわらず、様々な角度から現場と現実を眺めないと、問題の本質や新たな解決策は見えてこないように思います。

〈やはり周囲との衝突は多いのでしょうね〉

僕は世の中が同じ意見に流れてると本当かなと思っちゃうし、社内の上位者や経営陣が言ってることでも批判的に考える。戦略屋なので業界の常識や思い込みを疑ってナンボという部分もありますし、強者の雰囲気に流されるのが嫌いなので、結果としてぶつかることはありますね。

良くも悪くも僕は染まってないというか、この性格なので染まれない。これも社内でウケが悪い原因でしょうけど、ウチの会社らしくやろうよ、といった抽象的な精神論が苦手なんです。もちろん、企業や事業が成長曲線を描くときには精神論も必要だとは思います。でも、ウチの会社らしくは割と属人的なことが多いし、精神論は最後の最後まで取っておきたい。

あと、筋が悪いなと思ったら、関係するチームや組織に意見をしちゃいます。この辺も反発をくらう原因でしょうね。でも、サンクコストを恐れるあまりに被害が拡大することもあるし、異なる意見も言わないと社内が全体主義に陥る。そういう気持ち悪い組織にはなってほしくない。

かつて私が薫陶を受けた役員の方々は、簡単に提案を受け入れてくれませんでした。検討中止の判断も早かった。ところが最近の経営者は優しいんですね。この部分を頑張ると良くなると思うよ、というような条件付き再検討にすることが少なくない。それで頑張ろうと思えるならいいけど、筋が悪いことをあれこれ考えても生産性が上がらずに士気が下がっていく例をそれなりに見てきたので、言うようにはしています。

〈マーケティングがイノベーションのために果たした役割は〉

イノベーションの阻害要因の一つが、サイロエフェクトです。要するにタコツボ化ということですが、実は消費者の頭のなかでも似たようなことが起こっている。これは悪い意味ではなくて、消費者が情報を効率的に処理するために頭のなかにある種の枠組み（スキーマ）を作って、そこに物事を当てはめて処理しているということです。つまり、お客さんは新しく入ってきた情報もこの枠組みで処理しようとするので、先に記憶されている先行者が有利になってしまう。

そこで、この枠組みを刺激する言葉を作るんです。端的に言うと、消費者の頭のなかに新ジャンルを作っちゃう感じでしょうか。もし、この新ジャンルが多くの人にとって意味があるなら、それこそが市場創造やイノベーションにつながるんです。これがマーケティングの得意技の一つですし、僕が「マーケターにとっての現場は消費者の頭のなかだ」と考えるゆえんです。

もちろん、エンジニアが売りだと考える新技術のなかに、消費者の頭のなかの枠組みを変えるような機能があればいいですが、そうでない場合もある。僕はそもそも技術の強みから着想しないので、ぶつかることになります。

このプロジェクトでも、最初は開発責任者と折り合わない部分がありましたが、途中から大きく任せてくれました。最終的に開発コンセプトと商品が打ち出したメッセージは違うことになりましたけど、おかげで消費者の頭のなかでブランドの存在感を出すことができたと思っています。

〈守られていましたか。サポート役は?〉

30代半ばくらいまでは、応援してくれる上役がいました。でも管理職になると自分がサポート役にならなければならないし、自分で切り開いていかなければならない。

いまの僕にとっての重要なサポート役はPM(Project Manager)です。プロジェクトのスケジュール・タスク・予算、ときには人事も預かるPMがしっかりしていればこそ、僕はプランニングとディシジョンに集中できる。だから、課題に合った優秀なPMを選び、情報交換を密にする。もう恋人みたいに毎日話して、戦略の根幹や原理原則を理解してもらうようにします。そうでないと、僕がやることが指数関数的に増えて時間が無くなってしまうんです。

次に不可欠なサポート役が議論の相手です。私はよく「カベ(壁)役」と呼びます。数ある問題のうち、解決すべきはどれか。そのための戦略アイデアは何か。これこそディレクションを左右する最も重要な部分なので、カベ役に自分のラフな仮説をぶつけて議論を繰り返します。そうして磨いた仮説群をさらに顧客調査で検証したり、複数の外部有識者にぶつけたりして戦略構想を練り上げていくので、このカベ役の選定はとても大事にしています。

当然、課題に合わせてカベ役は変えますし、一人じゃなく複数のこともありますが、概ね社外の人が多いですね。社内都合に引っ張られないし、自分に足りない部分や認知バイアスを的確に指摘してくれるからです。考えてみると、僕はいつも社内都合からどうやって離れて思考するかを意識していますね。社内都合から離れたアイデアで新たな道が切り開けた経験が多いからだと思います。

〈祝福されていますか〉

どうでしょう。事実として言えば、僕個人の給料はここ数年、上がっていませんし、同じ時期に管理職になった人たちは次々と昇格しています。だから、生産性の低下には悩みますね。例えば今も、異なる領域でそれなりの規模の仕事を3つくらい兼務してるので、単純な積み上げではないにしても普通の人よりは仕事してる気がするんですけど、給料が増えてないので生産性が下がる。確かに勉強にはなるんですけど、ときに悲しくもなります。生産性の向上って、個人の成長の一つの側面には違いないので。

また、今回のプロジェクトで言えば、外部の大物を起用しましたから、「結局は彼がやったんでしょ?」と言う人も社内にはいます。それは僕も否定しません。ただ、大物を使えば成功するなんて単純な方程式ならみんなそうしているだろうし、大物を起用したのにはある戦略的意図もありました。

以前、自分の担当機種を急に変えられてしまい、訴求の方向性がガラッと変わったことがあるんです。販売店さんやお客さんには怒られたし、売り上げも良くならなかった。そもそもブランド構築には時間がかかるし、大きくなる過程で必ず「踊り場」があるんです。でも、苦しいからと目先を変えると、またイチからやり直しになってしまう。

そこで、仮に僕が異動や担当替えになっても、大物を起用しておけば周囲は耳を傾けてくれるだろうし、チームも踊り場で踏ん張ってくれると考えたんです。これも、仕込んでおいたブランドづくりの仕掛けの一つでした。

それでも、社内で最も祝福されるのは、ヒット商品や技術を中心的に開発したエンジニアです。丁寧に調べてみると、当社の過去のヒットの半分以上はマーケティングも寄与してるんですけど、僕自身は社内で目立ちたい気もないし、チームメンバーさえ評価されれば気になりません。

ただ、外部の方々は僕の仕掛けや成果を見てくださっていたみたいで、あちこちで祝福してもらえました。マーケターにとってジャイアントキリングは最高の瞬間で、その難しさも知り抜いているからこそ、内部の努力とそれがもたらす幸運に共感してくれたんだと思います。

もう一つ、当社は専門性による評価が基本なので、僕のようなタイプは評価されにくいんです。僕の場合、社内での専門性は営業なんですけど、この領域で評価される人には典型的なキャリアプランがあり、なかでも本社と地域を行ったり来たりしながら営業系業務を中心にステップを踏むのが王道です。

確かにこれで地域での経験や人脈の幅は広がるけど、営業という世界の枠を出にくいんです。せっかく大企業にいるんだから、僕はバリューチェーンのいろいろな機能を経験して自分の視野を広げたかった。R&D、購買、生産、サプライチェーン、デジタルなどなど、知りたいことはたくさんあるし、全体戦略を考えるにはそれらを知らなければならない。

昔のように一つのことを極めてイノベーションを起こすというのは、ちょっと難しい時代なんじゃないかと思ってます。自ら越境しないと、自分のなかでも新結合が起きない。将来的には、そういう複線型のキャリア形成が主流になってきて欲しいと思いながら、まずは自分でやってみています。

〈承継について〉

僕がやったようなことの承継は簡単ではないでしょうね。原因の一つは、技術ありきという思い込みが社内にまだまだ強いこと。イノベーションの目的を需要創造と考えればマーケティング的な打ち手も十分にあるはずなんだけど、差別化戦略を技術でやりたがる。日本の製造業らしい成功体験もあるのかもしれませんが、社内がこういう感覚だとマーケ主導で戦略を動かすのは結構厳しい。

思い込みとこだわりの境目は割と微妙です。だからこそ、チームの価値観を合わせることが大事になる。意見は違っていいし、反論も不可欠です。だけど、そうした議論が一定の収束を見せ、行動につながっていくチームは、価値観が揃っていると思います。

このプロジェクトでも立ち上げから徹底的に議論を尽くしたせいか、メンバーはプロジェクトの原理原則が腹落ちして、僕がいなくても個々で判断してくれました。現代的に言えば「自己組織化」でしょうか。これで圧倒的にチームの生産性が高くなるし、アイデアも広がる。ディレクションが揃っているなかで出てくるアイデアは、飲み込みやすいんです。

逆に言えば、僕はやらないことを明確にしているだけ。なぜこの案を採用しないか、その理由を戦略の観点から説明する。これを繰り返すことでロジックがチームに浸透します。ただ、ロジックの裏には価値観がある。だから、そこがズレてると厳しいと思います。

例えば、イノベーションは新技術が大事という価値観と、新技術がなくてもイノベーションは起きるという価値観は簡単には相いれない。無論、どちらも間違ってない。だから、互いに話を聞く姿勢さえあればロジックは理解できる。ただ、ロジックの裏には価値観があるんです。話せばいつかわかることもあるけど、時間も大切ですからね。

こうしたチームづくりの重要性も最近の社内では聞かないんです。昔の経営者はそういう話をよくしてくれたのですが……その辺も継承が難しいなと感じる理由です。

あと、大企業になり、内部統制も厳しくなったりして、昔のようについたての裏でこっそり研究みたいなことがしにくい。しかも、短期主義が強まり、複雑な問題解決より手っ取り早さが優先されがちです。時間をかければ良いものができるとは思わないけど、問題を紐解く時間を惜しんで対症療法に走っても良いことがあるとは全然思えない。ネットや書店で見つかるハウツー本には、自社の問題の本質や解き方は書いてありませんから。

新規事業にしても、明確な「何か」をやりたくてやりたくて仕方ない人が何度も転び直しながら起こすものだし、それなりに時間がかかるのが普通です。ある日、「君は今日から新規事業の担当ね。1年で成果を出してよ」と言われて、なんかないですかって探し始めるようなケースで打率が上がるイメージが湧きません。ちなみに僕が自分をイノベーターだと思わない理由の一つはこうした強烈な目的意識がないからですが、本気で新規事業やりたいなら、この辺の人選方法も変えていかないと厳しいと思います。

昔は会社に面白い人がいました。ちょっとヤンチャで、ロジックや考え方が変わってるけど、人脈や馬力がある個性派。社内にそういう多様性があると、多少枠を外れても仕掛けてみようかという企業内イノベーターが出てくるんじゃないかと思うんですけど、最近は絶滅寸前ですね。

それでも、面白いことをしたいという若手はいます。だから、僕はそういう人たちに知恵を授けたいし、できたら自分も一緒にやりたい。新しい連中に活躍してもらわないと会社も先細るから、何かやりたいなら企画書を持っておいでと伝えています。ただし、僕ぐらいを突破できないと会社は突破できないからねとも言いますけど。

今はチームを預かる限り、僕にできる範囲で次世代の育成をやろうと思っています。僕のような変人にもそれなりの場を与えてくれた度量がまだある会社だと思うので、若手が思いっ切り考え抜いて行動できる機会を作ってあげたいし、僕は彼らの軍師でありたいと思ってるんですけどね。

【所感】

この人物の知性に感心する場面がある。それも単純に知識が豊富、思考が深いということだけではない。今回のインタビューについても、自分が答えた、自分（の仕事のスタイルや判断）についての認識が精確であることを確かめさせる目的で、われわれに彼をよく知る人物への追加的インタビューを強く要請するなど、自分を客観的に把握しそれを正確に伝えるという姿勢もしっかりしている。稀代の軍師氏ほどに豊富な知識と発想力をも兼ね備えた実務家は、そう多くはないかもしれない。

確かに、軍師氏が若いころから共感を抱いている優れた参謀はそうであったかもしれない。過去の優れた参謀は知識を振り回す評論家的な人物ではなく、自らが描いた戦略の下、適切なタイミングで必要とあらば自ら軍隊を率いて出陣もする。この人物の持つ知性と仕事のスタイルには、そうした迫力を感じる。だからこそ企業内イノベーターとして実績を残してきたのであろう。

ただ、残念ながらその迫力はもろ刃の剣としての側面もあると自覚しておられるようだ。その帰結がわかっていながらも考え抜かれた自分自身の軸を揺るがすことがない強さは、稀有なものと言ってよかろう。ひょっとしたら、ときとして摩擦を起こしつつも実績を上げてゆくことに対する周囲からの嫉妬さえも想像できないこともない。だとしても、そこに恐れのようなものは感じさせない。

この人物の所属する企業は、イノベーションに積極的に取り組んできた定評を持つ日本企業の一つだ。多くの企業がその「秘訣」を学びたいと願っているのではないだろうか。もし、そのような企業のなかにあっても、彼が指摘するような、いわゆる「サイロ化」などのイノベーションにとっては望ましいとは言えない事態が進行しているのだとすれば、それは大変憂慮すべきことだろうと思う。

提言編

第1章 企業内イノベーションを起こすのはどのような人物か

本書での調査は、チームあるいは組織としてのイノベーションの追求という視点から行った。多くの本格的企業内イノベーションは明らかな成果を上げるまでに何年も要する、いわば組織のなかで展開される「物語」となるからだ。ただし、そこにはあらかじめ作られたシナリオなどはない。それでも、そこでは多くの人々が多様な役割を担って登場、活躍する。

多くの場合、そこには明確にイノベーションの物語の「主役」がいて、それを支える「(名)脇役」が存在する。通常主役は一人が多いが、脇役は複数人存在する。この調査では10社の企業における11のイノベーション事例を取り上げた。その一つひとつの事例に主役、脇役がいる。

したがって、調査はすべての事例に関して、その主役、脇役を特定してもらうことからスタートした。そのうえでそれらの主役と脇役について詳細な調査分析を行った。

まず、どのような事例を対象としたかを紹介しよう。調査票の作成と回答にご協力いただいた企業は先に紹介した東京大学大学院経済学研究科のイノベーターズ・コンソーシアム第一期（2017～19年）のメンバー企業10社である。いずれも業界を代表したり世界一の事業を展開したりする著名な日本企業である。各社に選んでいただいた11の自社事例は、このコンソーシアムの趣旨に沿って、技術革新を伴う新製品の開発と事業化（5事例）、ビジネスモデルの革新による新事業の確立（2事例）、マーケティングイノベーション（1事例）、大規模な新市場創造（1事例）、サプライチェーンの改革（2事例）など多くのカテゴリーをカバーした。いずれも、その企業にとって（多くの場合、社会にとっても）画期的な価値創造をなし遂げたものである。

1　日本企業では一度失敗すると二度と表舞台に立てない、は本当か？

当然ながら、最初は主役や脇役の基本的情報を提供してもらう。当該事例のときの年齢や社歴などである。そのなかで、以前の「イノベーション」への挑戦の経験について聞いている。その結果を図表3に示した。

まず、われわれの目に留まったのは、主役の経験のばらつきである。およそ4割の主役は、過去に失敗を経験している。それまでに何らかのイノベーションに成功した経験をもつ人物は半分程度であった。

この分布の解釈は単純ではない。事例ごとに組織的個人的コンテクストは異なる。イノベーションの成功失敗には運という要素が大きな役割を果たしてしまうことも周知である。つまり、重視されているのは成功失敗という結果の評価ではなく、経験そのものであるという傾向が見られる。

ときに言われるように、日本企業は減点主義なので一度失敗したら二度と浮かび上がれないというのは、必ずしも現実を正確に表していないようだ。少なくとも、企業内イノベーションに関して言え

図表3 「主役級」と「脇役級」のイノベーションへの挑戦実績

主役級の人物のほとんどはこれまでも挑戦の経験を持っている。脇役の選抜には過去の挑戦とその成功実績が影響していることをうかがわせる

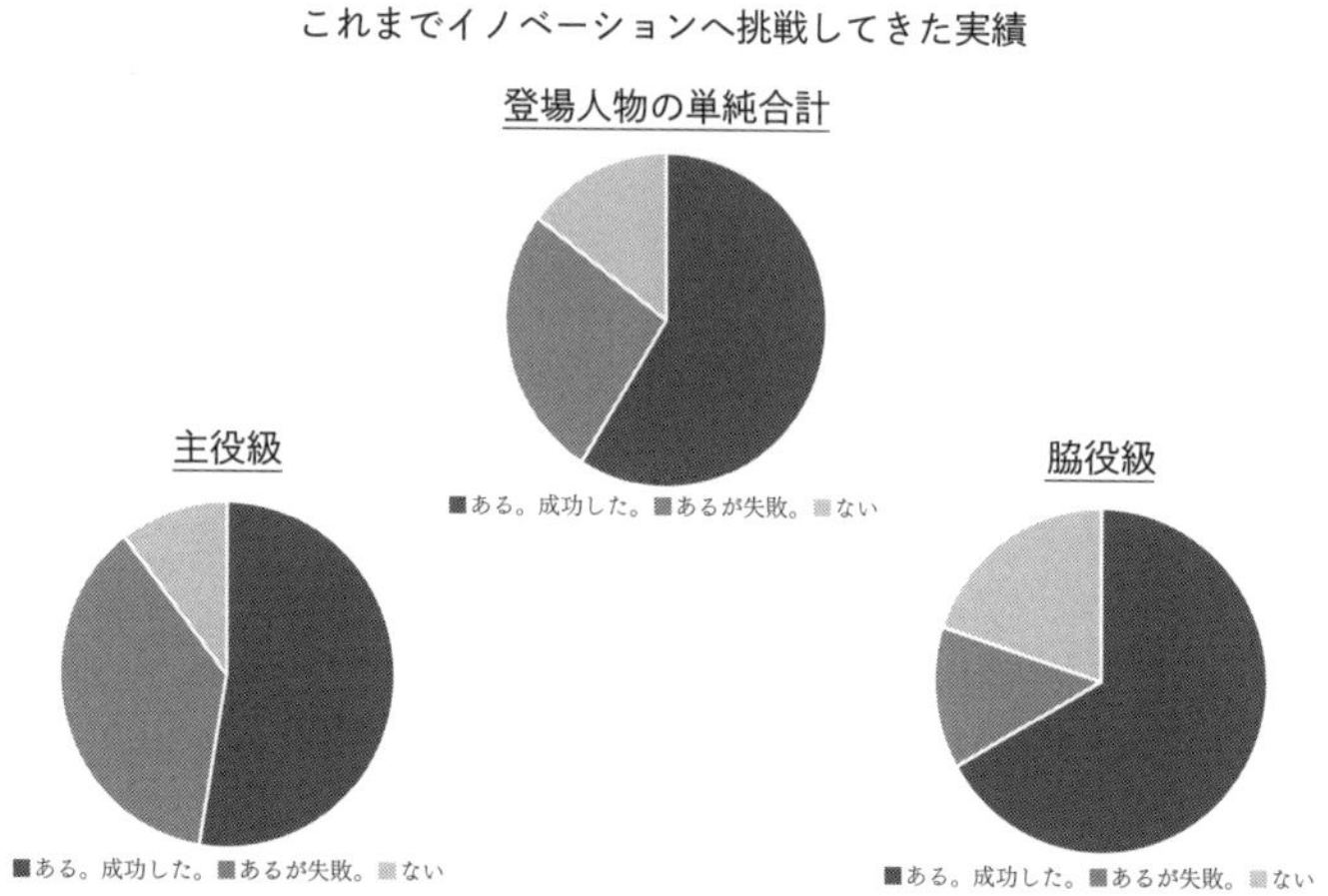

出典） 東京大学大学院経済学研究科イノベーターズ・コンソーシアム調査データ2018（非公開）をもとに編著者作成

ば、この調査の対象となったトップクラスの企業ではチャンスが一度きりなどということはなさそうだ。

他方、（名）脇役の実績は主役のそれとは多少違う。失敗経験は全体の1割強にすぎず、脇役にはそれまでもイノベーションを支えてきた実績がある人が多いという傾向が見られる。企業がより成功体験の有無を重視して人選していることをうかがわせる。

あとで詳細に見るように、脇役に対する期待値は、主役のそれに比べるとより明確に（あるいは単純に）定義できる。専門性や適性を事前にある程度判断でき、イノベーションの「物語」の進行に合わせて、より確実な人選が可能となるという側面が影響しているだろう。

2 企業内イノベーターとはどのような資質を持った人物か

こうして主役と脇役を特定したうえで、それぞれの人物について、「どのような特性を持った人物か（資質）」「どういう経験を積んできたか（経験値）」「（当該事例において）どういう機会や役割がどのように与えられてきたか」といった3つの視点から調査を行った。われわれは、イノベーターに限らず企業人の能力を作り上げるものを理解するためには少なくともこれら3つの要素に関する考察が必要と考えているからである。まず、資質面について見ていこう。

イノベーションの事例を作り上げた主役と脇役の合計の傾向から見てみよう。資質面では、図表4にあるように、14の項目と自由回答を選択肢として質問を構成した。主役と（主な）脇役合計30人ほどの独立したデータを集計してみると、企業内イノベーターの資質面での突出した共通点として次の4点が浮かび上がってきた。

- ●具体的成果をとことん追求する
- ●前例のないことへの挑戦と実現に存在感を求める
- ●知的好奇心にあふれている
- ●やりきる執着心と忍耐力に優れる

図表4　どのような資質を持った人物か

資質面では、共通点として具体的成果の追求、前例のないことへの挑戦、知的好奇心、執着心と忍耐力が際立つ

どのような資質を持っているか
（主役、脇役合計、平準化後）

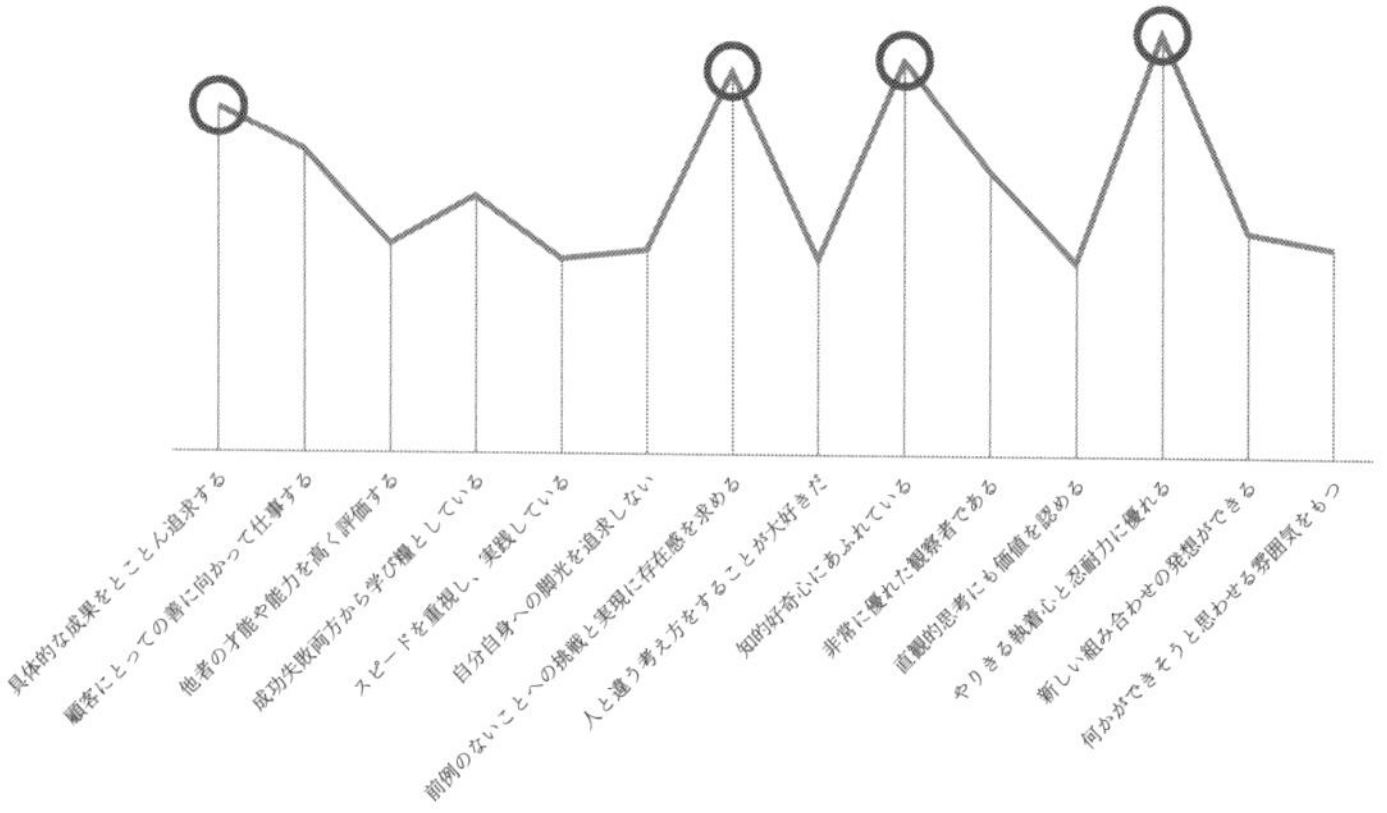

注）ここでの平準化とは、登場人数の多い事例によるバイアスを小さくするために、複数の場合は平均値を計算し、1社1プロファイルと見なして再計算した

出典）東京大学大学院経済学研究科イノベーターズ・コンソーシアム調査データ2018（非公開）をもとに編著者作成

別の言い方をすれば、資質面に注目すると主役、脇役ともにイノベーションに挑戦することができる人物は、この4つの資質に代表されるような「起業家精神」を有する人物であるということだ。

これは、チームとしてあるいは組織としてイノベーションに臨む顔ぶれを選ぶ際の出発点として忘れてはならない点だろう。

ただし、主役と脇役を別々に見ていくと、図表5のレーダーチャート*のように、両者には多少の違いがある。

*レーダーチャートは、各項目の重みづけを表せない、項目間の「距離」を表現できないなどの制約がある。一方、複数のデータセットの違いを視覚的に表現するうえでは効果的なので、主役と脇役の比較の際には

図表5　主役級・脇役級の経験値の比較

主役と脇役を分解すると、主役級の人物は多くの面で優れた資質を有していると評価されている。脇役級の評価はまさに脇役としての適性を備える

どのような資質を持っているか（主役級・脇役級）

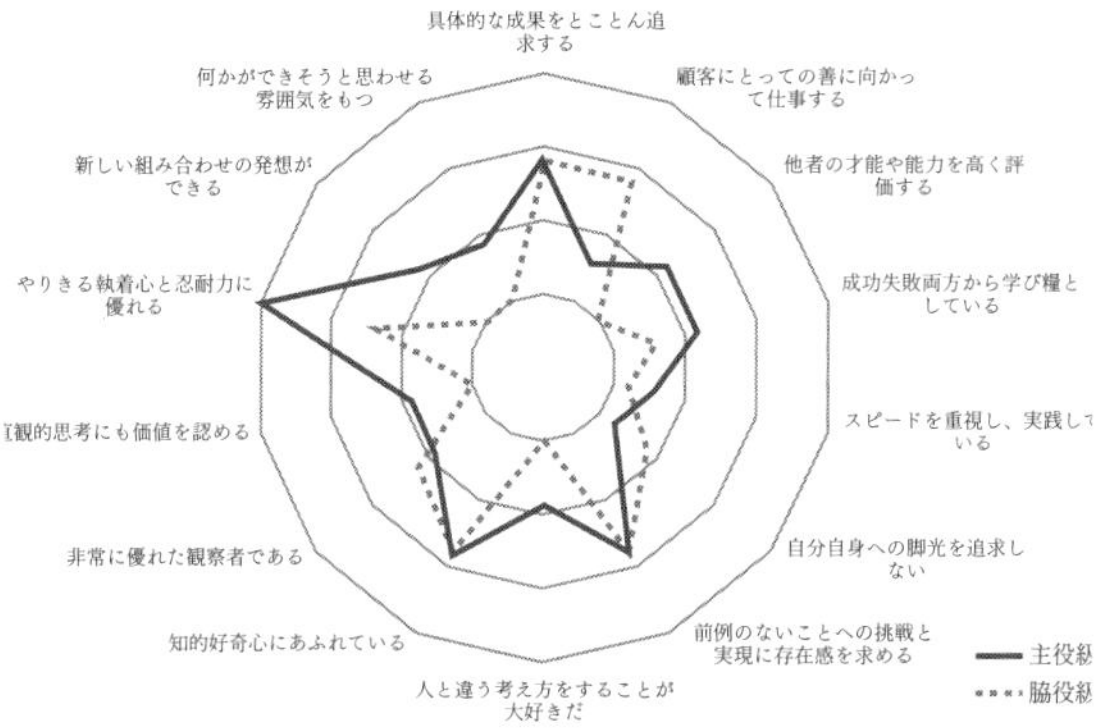

出典）東京大学大学院経済学研究科イノベーターズ・コンソーシアム調査データ2018（非公開）をもとに編著者作成

利用している。

主役（実線）の資質を項目ごとにみてゆくと、前述の4点のなかでも「やりきる執着心と忍耐力」の項目が突出して高い。脇役（点線）のこの項目のスコアはそう高くなく、ほかの3項目（「具体的な成果の追求」「前例のないことへの挑戦」「知的好奇心の強さ」）が主役・脇役ほぼ同スコアであるのに比べ、主役の資質面の特徴を最もよく表しているように見える。

脇役がどちらかというとイノベーションプロジェクトのフェーズによって登場の仕方にメリハリがあることも影響してはいるだろうが、資質としての評価がこれだけはっきりと違いを示しているのは、やはり主役を張る人材の際立った特徴と言えそうだ。

主役の人物はそれぞれ個性にあふれてはいるものの、共通して有している資質があり、なかでも執着心と忍耐力に優れるという点で、まず

もってここが、企業内イノベーターの主役としての資質面での必要条件と言ってよかろう。

その点以外の両者の違いに注目してみると、脇役の方が高いスコアを集めたのは、「非常に優れた観察者である」「顧客にとっての善に向かって仕事をする」「自分自身への脚光を追求しない」といった項目だ。脇役の人材の方がより冷静に顧客に対して目が向いているよう見える。

他方、「人と違う考え方をすることが大好き」「新しい組み合わせの発想ができる」「直観的思考にも価値を認める」といった発想力のユニークさを示す項目を見ると、発想力の点では主役の方にかなり分があるようだ。また、「他者の才能や能力を高く評価」したり、「成功失敗両方から学ぶ」力など自らを進化させる柔軟性・拡張性も高く評価されている。

あえてこうした違いに注目して整理すると、主役には、前述の4つの共通資質を持ちながら、独自の発想力をもって企業内（外）を突っ走り、決してあきらめない人物像が浮かび上がってくる。

また、当然と言えばそれまでだが、イノベーションの活動を支える名脇役たちは、突っ走る主役に対し、「起業家精神」を共有しながらもより冷静な視点を提供できる資質を有し、イノベーションを成功に導く可能性を高めてきたと解釈できそうだ。

3 経験値には明確な違いがある

どちらかというと共有しているものが強調されている資質の場合と違い、経験値の面では主役と脇役には明確な違いが指摘されている。経験を探るのは簡単ではない。どのような部署の経験があるかを聞いても、仕事上実際にどのような経験であったかを知ることは困難だ。そこで、この調査では主役、脇役のそれまでの実際の経験の「性質」を7つのカテゴリーに分類し、それを回答してもらうようにした。7つのカテゴリーは、以下のようなものである。

- ❶技術と事業の両方を実務的に経験している
- ❷リスクをとって新しい試みを行った経験がある
- ❸当該分野でのグローバルな水準を知る機会が豊富にあった
- ❹収益責任を負ったことがある
- ❺これまで分野を問わず、それまでにないもの（こと）を作った経験がある
- ❻事業の立ち上げに深くかかわったことがある
- ❼学際的な研究・業務経験が豊富

もちろん回答には「そのほか」のカテゴリーも加えて自由回答としているが、記入されたものは少なかった。

これらの経験の性質に関するカテゴリーは（資質についても同様だが）これまでのイノベーターに関する研究ならびに経営リーダーの育成でもよくとりあげられるものを選んでおり、その点ではある程度まで国際比較も可能なカテゴリーと考えている。

それぞれの経験の性質の強弱と、主役と脇役との違いを図表6に示してみよう。この図表のカテゴ

図表6　主役級・脇役級の経験値の比較

経験値は、主役級は「挑戦」の経験（新しい試み、それまでにないもの）と事業のセンス、脇役は学際的な経験とグローバル水準の知見が特に目立つ

どのような経験をしてきたか（主役級・脇役級）

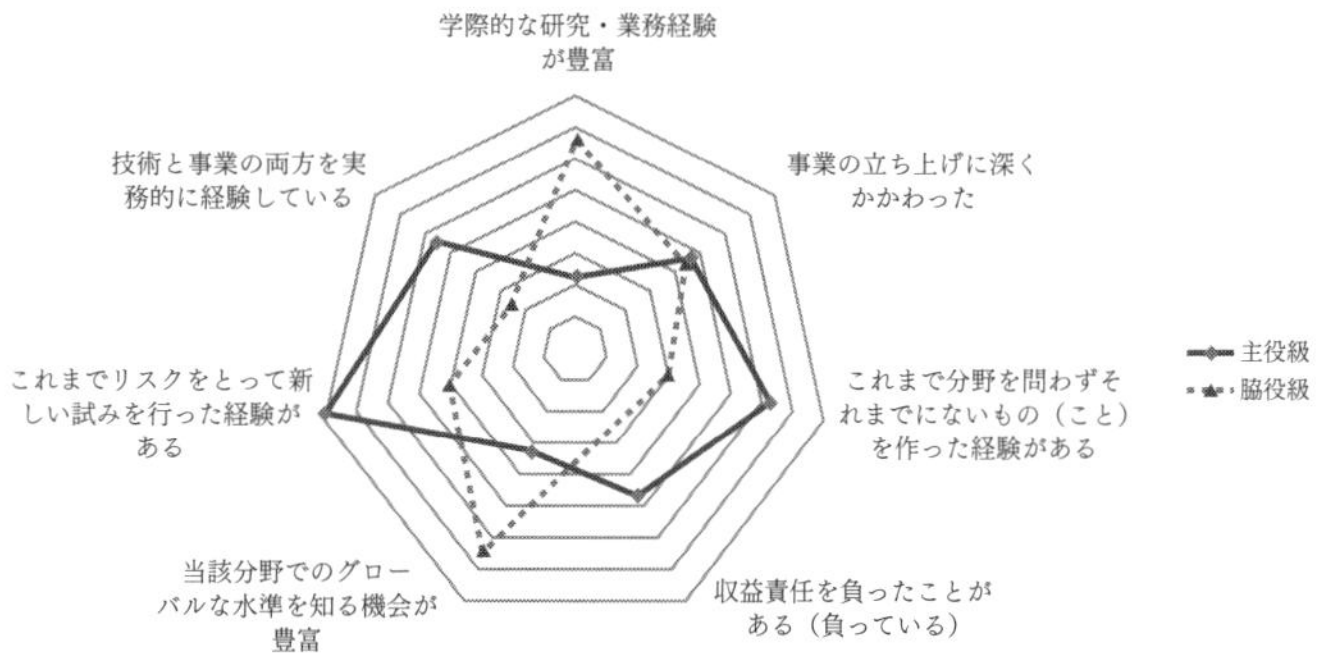

出典）　東京大学大学院経済学研究科イノベーターズ・コンソーシアム調査データ2018（非公開）をもとに編著者作成

リーの並べ方では、主役（実線）の形状と脇役（点線）の形状は横長と縦長と全く異なっているのがわかる。

主役に最も特徴的な経験は「これまでリスクをとって新しい試みを行った経験」であり、大多数が経験値として持っている。同様に、より製品・サービス開発の経験に近づけたカテゴリーである「これまでにないもの（こと）を作った経験がある」人物も多数である。

もっとも前述のように、こうした経験の4割ほどは失敗の経験ということになろう。

技術と事業の両方の経験や収益責任を負った経験といった、経営リーダー育成に重要な経験値としてよく取り上げられる経験も脇役に比べると多い。

他方、脇役は、これらとは対照的に専門家としての学際的な経験やグローバル水準へのアクセスが目立った特徴である。

この調査においては、主役のところで見られたような、経営リーダー育成に向けての経験と重なる部分は非常に少なく、（名）脇役をつくりあげた独自の経験値が明確に示されている。

面白いのは、主役と脇役がほぼ同スコアとなったのが事業の立ち上げにかかわった経験である。資質のところでも明らかなように、多くの（名）脇役は起業家精神を持ち合わせていることから、経験値としても主役とともに新しい事業を起こす経験を持っているようだ。

4 社内(外)の統合者としての「主役」

たとえ企業内イノベーターとしての資質を備えていて、ふさわしい経験を積んでいたとしても、適切な機会や役割が提供されなければ、あるいは獲得しなければ企業内のイノベーションを何年にもわたって率いてゆくことはできないだろう。

では、実際これらの成功した企業内イノベーターたちはどのような役割を果たしたのだろうか。主役と脇役はそれぞれどのような役割であったのだろうか。ここでも、これまでの研究などで示されてきたイノベーターが果たしてきた主な役割を、7つのカテゴリーに分けて調査を行った。

- ●豊かな人間性などで社内各部門の協力の取り付け
- ●市場と顧客の深い理解と顧客価値の追求
- ●収益化のビジネスモデルや分析、戦略立案

図表7　主役級・脇役級の役割の比較

主役級の人物が発揮してきた役割と脇役級のそれとは明確な違いがあることが見て取れる

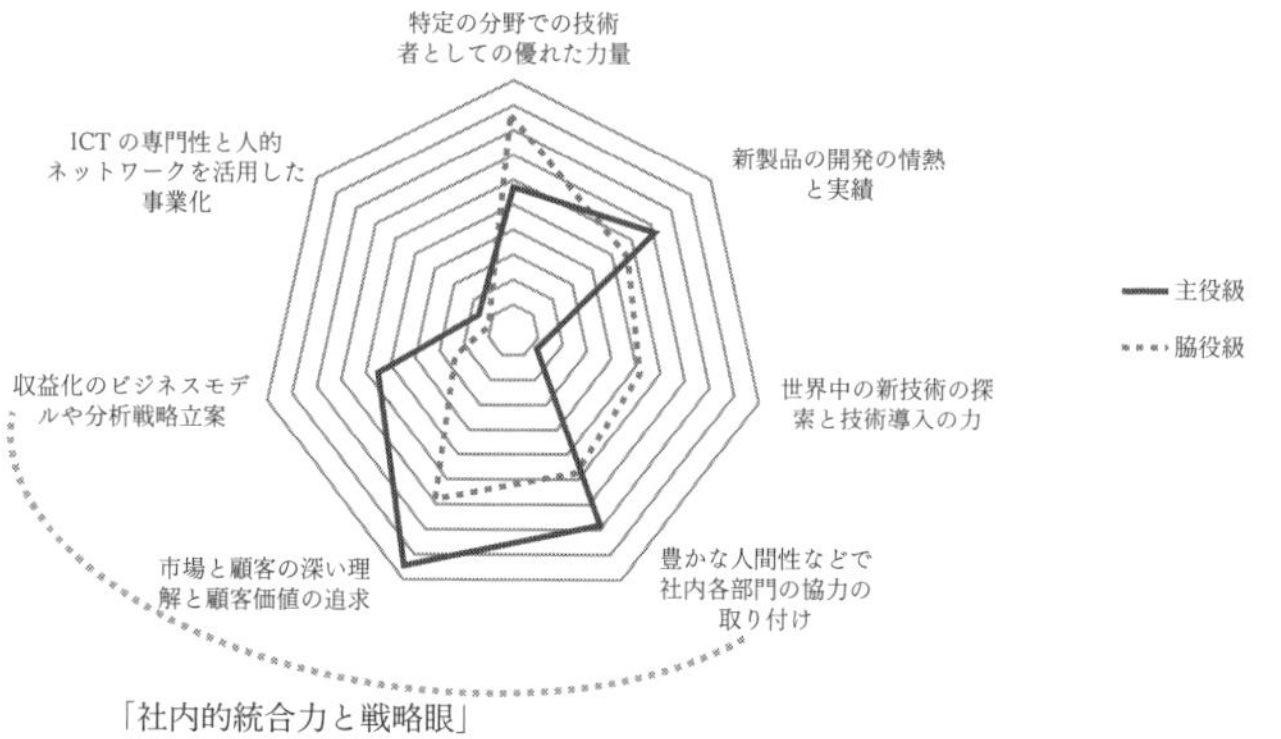

出典）東京大学大学院経済学研究科イノベーターズ・コンソーシアム調査データ2018（非公開）をもとに編著者作成

●特定の分野での技術者としての優れた力量
●新製品の開発の情熱と実績
●世界中の新技術の探索と技術導入の力
●ＩＣＴの専門性と人的ネットワークを活用した事業化

図表7にあるように、主役級は社内部門の協力の取り付けや顧客価値の追求といった面で大きな役割を果たしている。

主役となる人物は、その経験から顧客価値の何たるかを学んでいる。主役が果たす役割の最も重要なものが、顧客や市場の深い理解といってもよかろう。脇役との比較で言えば、ビジネスモデルや戦略立案といった側面の役割を果たしていることが多いのは明白だ。

ただ、今回の事例のなかにも複数含まれて

いるが、企業内イノベーションが、いわゆるコーポレートプロジェクトの形で企業として追求するイノベーションプロジェクトとなっている場合は、戦略が企業全体で練られていることもあり、必ずしも主役個人の役割としてとらえにくいことがある。その場合は、主役は社内の統合力や顧客価値への一貫したコミットメントを主たる役割としていると言ってもよさそうだ。

他方、脇役は特定の分野での技術者、専門家としての優れた力量や世界中の新技術の探索と技術導入で役割を果たしている。「情熱」は、主役と脇役が共有していることが見て取れる。

一方、既述の課題もはっきり示されている。「ＩＣＴの専門性や、人脈などを通じた事業化」が「主役」「脇役」ともに明確な課題。つまり「（ＩＣＴをテコとしてイノベーションを進める）ソトの世界」とつながっていない。

ＩＣＴがより重要なテコとなる今後のイノベーションを考えるときには、日本企業の企業内イノベーターは「内部統合力には優れているが、ソトとつながる力が弱い」ことを認識して、企業としてもこの部分に最優先に取り組む必要がありそうだ。

5　成功している企業内イノベーションのキャスティング

ここまで、成功したと評価できる11件の企業内イノベーションの事例におけるヒトに焦点をあてて見てきた。主役と脇役に分け、その資質、経験値、役割の観点でそれぞれの特徴や違いを論じてきた。これまでの分析をまとめると、次のようなことが言えそうだ（図表8、9も参照していただきたい）。

①企業内イノベーターの資質という点では、主役、脇役の違いは大きくなく、ともに「起業家精神」が不可欠の条件となっている。これは先行研究の結果とも整合している。そのなかで主役となる人物は、特にやりきる力と発想力、学ぶ力の面で特徴を有している

②経験値は主役と脇役で大きく異なる。主役級の特徴的な経験値としては、リスクをとって新しいことに挑戦したり新しいものを作った経験、収益責任、技術と事業の両方を経験、がある。他方、脇役級は、学際的な研究・業務経験や当該分野でのグローバル水準へのアクセスがある

③イノベーションをやり遂げたなかでの役割もはっきりしている。主役は社内＊（外）統合力と戦略眼、あるいは顧客価値へのコミットメントを「武器」にしてイノベーションを率いる。脇役はその専門性をグローバルレベルに磨くことで（名）脇役となっている

図表8　主役級・脇役級の資質比較

イノベーションを起こせる人物の「資質」に関しては主役級、脇役級に大きな違いはない。また、多くは先行研究が示してきた結果と重なる

「企業内イノベーター」の特徴的資質

主役級	・知的好奇心 ・新しい組み合わせでの発想力 ・前例のないことへの挑戦 ・具体的成果の追求 ・成功、失敗から学ぶ力 ・やりきる力
脇役級	・知的好奇心 ・前例のないことへの挑戦 ・具体的成果の追求 ・やりきる力

出典）東京大学大学院経済学研究科イノベーターズ・コンソーシアム調査資料2018（非公開）をもとに編著者作成

図表9　主役級・脇役級の経験値・役割比較

経験値や果たしてきた役割については主役級と脇役級には明確な違いがある

	特徴的な経験値	力を発揮した役割
主役級	・リスクをとって新しいことに挑戦する（せざるを得ない）経験 ・収益責任を持つ経験 ・技術と事業の両方を経験	・ビジネスモデル/戦略立案 ・市場と顧客の深い理解 ・社内（外）各部門の協力の取り付け（動員） ・新製品への情熱と実績
脇役級	・学際的な研究・業務経験 ・当該分野でのグローバルな水準を知る	・技術者（専門家）としてのすぐれた力量 ・世界中の新技術の探索と導入 ・新製品への情熱と実績

出典）東京大学大学院経済学研究科イノベーターズ・コンソーシアム調査資料2018（非公開）をもとに編著者作成

図表10　企業内イノベーターの資質、経験値、役割

時間軸に沿って並べると……

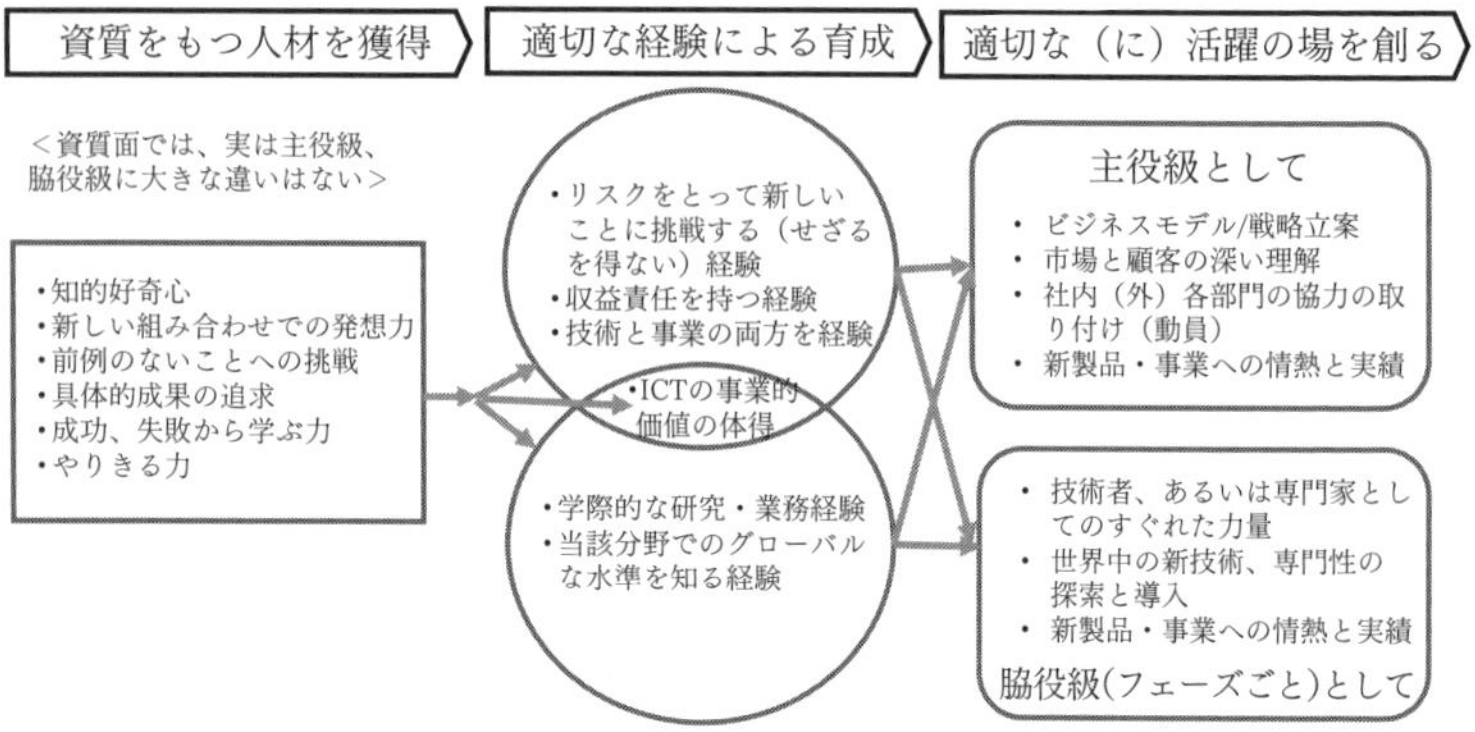

出典）東京大学大学院経済学研究科イノベーターズ・コンソーシアム調査資料2018（非公開）をもとに編著者作成

以上明らかにしてきた「資質」「経験値」「役割」を企業の人材マネジメントの流れに沿って整理すると、図表10のようになる。これが、抽象的ではあるものの、本調査が明らかにした、企業内イノベーターを育成・再生産するための基本コンセプトとなるだろう。だが、これを具体的な提案にするためには、なおいくつかの点を明確にする必要がある。

まず、こうした主役・脇役が、それぞれの役割が果たせるような「舞台設定」も企業内イノベーションでは欠かせない要素である。その組織的文脈について次の章で見てみよう。

第2章

企業内イノベーションを起こすのに不可欠な「4枚のカード」

これまで見てきたような資質を持ち、経験を積み重ねた人材といえども、その人物をとりまく組織的なコンテクスト（文脈）を整えることなしには活躍の機会を提供することも適切な役割を果たすことも期待できないだろう。

今回の調査では、対象とした事例がどのように進められていったかの組織的流れも調べている。この章では、そこからどのようなことが読み取れるかをまとめるが、まずはこれまで企業内イノベーションを巡る組織的文脈についてどのようなことが言われてきたかをいくつかの研究をとりあげてみておこう。

1　企業内イノベーションは適切な組織的文脈のなかで実現する

企業内イノベーションの場合、組織的な文脈が重要であることは自明かもしれない。それでも多くの研究者がこの点を強調するのは、適切な組織的文脈を作り上げることが現実にはかなり難しいことを表していそうだ。

クリステンセンは前述のように、イノベーションに不可欠なスキルとして発見力を挙げているが、組織としても発見力の高い組織を作る必要があると強調している。そのためには「人材」「プロセス」「価値観」を揃えることが重要としている。

経営者自らがイノベーションの陣頭指揮を執る、発見力の高い人材と実行力の高い人材をバランスよく配置する、資質ではなくどのような経験を経てきたのかを基準に人を選ぶ、人材獲得のプロセスが重要であり、価値観としては、イノベーションは全員の仕事であることを共有する、などといったことが繰り返し主張されている（Christensen：1997, 2003, 2011)。

また、社内起業の組織的アプローチを4つのカテゴリーに分類した研究もある。米国の代表的ビジネススクールの一つであるケロッグ経営大学院イノベーションネットワークによる研究は、社内起業に対するアプローチを、その組織上の位置づけと経営資源へのコミットメントの程度の2軸で分類した。4つのカテゴリーとは、

(A)独立した予算をもつ組織が集中的にイノベーションを行うアプローチ　企業として（経営資源や権限など）フル装備のグループを作り、そのグループが中心となって社内起業に取り組む。例としてシスコなどを挙げている。

(B)比較的小規模な社内組織がコンサルタントのように事業部にイノベーションを促すアプローチ　企業としては社内起業を強く奨励するが、基本的には事業部がその財源などを提供する判断をする。これにはデュポンなどを挙げている。

**(C)イノベーション専門の組織を持っているわけではないが常に準備ができており、良いアイデアがあ

図表11　社内ベンチャーのための「3つの役割」

社内のベンチャー（プロジェクト）ではバランスを生み出すために
3つの役割が必要との提案も

ベンチャーマネージャー Venture manager	ベンチャーゴッドペアレント Venture godparent	ベンチャーオンブズマン Venture ombudsperson
ベンチャーを経営：自由度を求める	組織的な抵抗や妨害からベンチャーを守る：自由度維持を助ける	ベンチャーの進展をモニターする：自由度の必要性とコントロールのバランスをとる
イノベーティブで高品質の製品を開発	高いレベルでのサポートを得るため、また業績不振時にサポートが打ち切られることを防ぐために動く	企業全体とのフィットの観点から参入すべき市場を決める
アグレッシブな戦略を追求	日々の活動に対するコーポレートからの介入を防ぐ	ポートフォリオの観点からベンチャーの数とサイズを決定する
クリエイティビティーとアクション指向のカルチャーを作る	不十分な報酬・見返りや不当な処罰に対して反対する	ベンチャーに対するサポートとマネージャーの報酬を提供するためにマイルストーンを活用する

出典）Simon, M., Houghton, S.M. & Gurney, J.(1999)) 'Succeeding at internal corporate venturing; Roles needed to balance autonomy and control' *Journal of Applied Management Studies,* 8(2) をもとに編著者作成

ればそこに経営資源を投下してゆくアプローチ　魅力的なプロジェクト提案に対して企業として資金的にも経営者の関心も提供する。グーグルなどのＩＣＴ企業に多い（この研究の対象は米国企業がほとんどだが、Tencentなど中国のＩＣＴ企業もこのアプローチに近いだろう）。

(D)場当たり的なアプローチ　企業としては社内起業に対して十分な備えを提供していない。その時々の社内外の事情に応じて追求する案件や資源配分を決める。ほとんどの企業はこのアプローチであるとしている。

　どのアプローチがいいのかという問いに対しては、会社によって違うという答えとなっている。それぞれに可能となる条件があるからだ。例えば、(C)のアプローチを取る場合は、組織全体がアイデア

やアイデアを考える人に満ちていないといけない。
(B)は各部門を説得して回るが強制力を持っていないのでこの部署に配属されたら疲労困憊《こんぱい》してしまうが、事業部が強い組織にとっては現実的なアプローチかもしれない。
(A)は、今までの事業部とは違う枠で事業をするため長年の投資が必要となる。長期的な投資に耐えられなくなり途中で方針転換してしまうことが多い。
より重要な点として、どのアプローチをとるにしても、新規ビジネスの創出のためには上級役員の役割が極めて重要と強調されている（Wolcott and Lippiz：2009）。

これら以外にも組織的なフレームワークについて議論している研究はいくつもあるが、ここではもう一つやや実務に近いフレームワークを紹介しておこう。社内ベンチャーは自由度の提供と統制とのバランスをとることがポイントであり、そのためには、ベンチャーマネージャー、ベンチャーゴッドペアレント、ベンチャーオンブズマンの3つの役割が必要であるという提案である。その要点を図表11にまとめた（Simon and others：1999）。

こうした研究例のほとんどで分析的なフレームワークとともに強調するのが、上級マネジメント（や経営者）が果たすべき役割の重要性である。特に、経営としてまず考えるべきなのは、ストラテジック・インテント（Strategic intent：企業としての戦略的意図、決意）であろう。

イノベーションとは画期的な価値創出である。そうした大きなインパクトをもたらすという企業全体としての意思や決意がないと継続的なイノベーションは実現しないという主張が、様々な場でなされている。

例えば、ゼロックス社のPARCでは、レーザープリンター技術やイーサネット、ユビキタスコンピューティングなど多くのインベンション（発明、発見）が生まれていたが、それらの技術を使ってイノベーションという形で社会にインパクトを与えたのは、ゼロックス社ではなかった。これは、イノベーションを起こすという企業としての意思が弱かった典型例として挙げられることもある（Matthews and Bruеggemann：2015）。

その逆の例として、ストラテジック・インテントが明確に示されている企業として3Mやグーグルなどがよく取り上げられる。ストラテジック・インテントは、組織的文脈を語る大前提と考えるべきものだろう。

2 「4枚のカード」

このコンソーシアムでの調査では、第1章で見た人材のプロファイリングと併せて、その事例がどのような「舞台」、つまり組織的文脈で行われたかを調べている。もちろん、組織的文脈は時間とともに変わるのではあるが、すべての事例に共通と言えそうな舞台設定があることが見えてきた。

それをわれわれは「4枚のカードを揃える」と表現している。図表12に模式的に示すが、4枚のカードとは、ガーディアン、アイデア創出、主役、脇役の4つの役割を指す。企業内イノベーションの成功物語では、これら4枚のカードがすべて揃っていることが見えてきたのである。

まず、社内外から新しいアイデア（新技術であったりビジネスモデルのヒントであったり、他業界での先進的な試みであったり）を持ってくる役割の人間がいる。社内であれば多くは研究開発部門の人材というのが、イメージしやすいだろう。また社外であれば、広く自社以外のネットワークをもち、常に新しいビジネスモデルの探索をしているような人材である。

そして、その人材がもたらす新しいアイデアの可能性や「価値」を認め、アイデアを具体的な事業に持ってゆこうと動く役割ないしは人材である。この人物は、やがてこれまで本調査の分析の主たる対象としてきた「主役」としてイノベーションを率いる。

この主役の役割は、多くの場合、社内外からの協力を取り付け、新しいアイデアを積み重ねながら、経営資源を顧客価値に向かって組み上げて事業へとつなげてゆく。既述のようにここで社内「外」と社外を加えたのは、業界団体や提携先、密接に関連する他社などを巻き込んで進めた事例も少なからずあり、その意味において自社の内部のみならず統合してゆくことが求められるからである。

ここで十分注意が必要なことがある。図中に、戦略やビジネスモデルへの翻訳といった表現で、戦略眼と社内外統合の二つの役割を併記してある。

すでに第1章で見たように、この二つの役割を併せ持って主役としての役割を全うできる（もちろん、役割であるから一人の人間でなければならないというわけではない）。ところが、イノベーションプロジェクトのなかには、戦略眼を欠いたままでひたすら社内外「統合」に走り回るという事例も見られる。そうした場合は、われわれの知る限りすべて失敗に終わっている。

さて、主役による初期の合意形成、目標の設定から始まり、開発、試作、市場開拓、量産化など、時間とともに必要とされる専門性が変わる。主役はこうしたプロセスを一貫して率いるわけだが、当

図表12　企業内イノベーションのための「4枚のカード」

「4枚のカード」：コンソーシアム独自の調査・分析でも、より組織的なアプローチの重要性が見えてきた

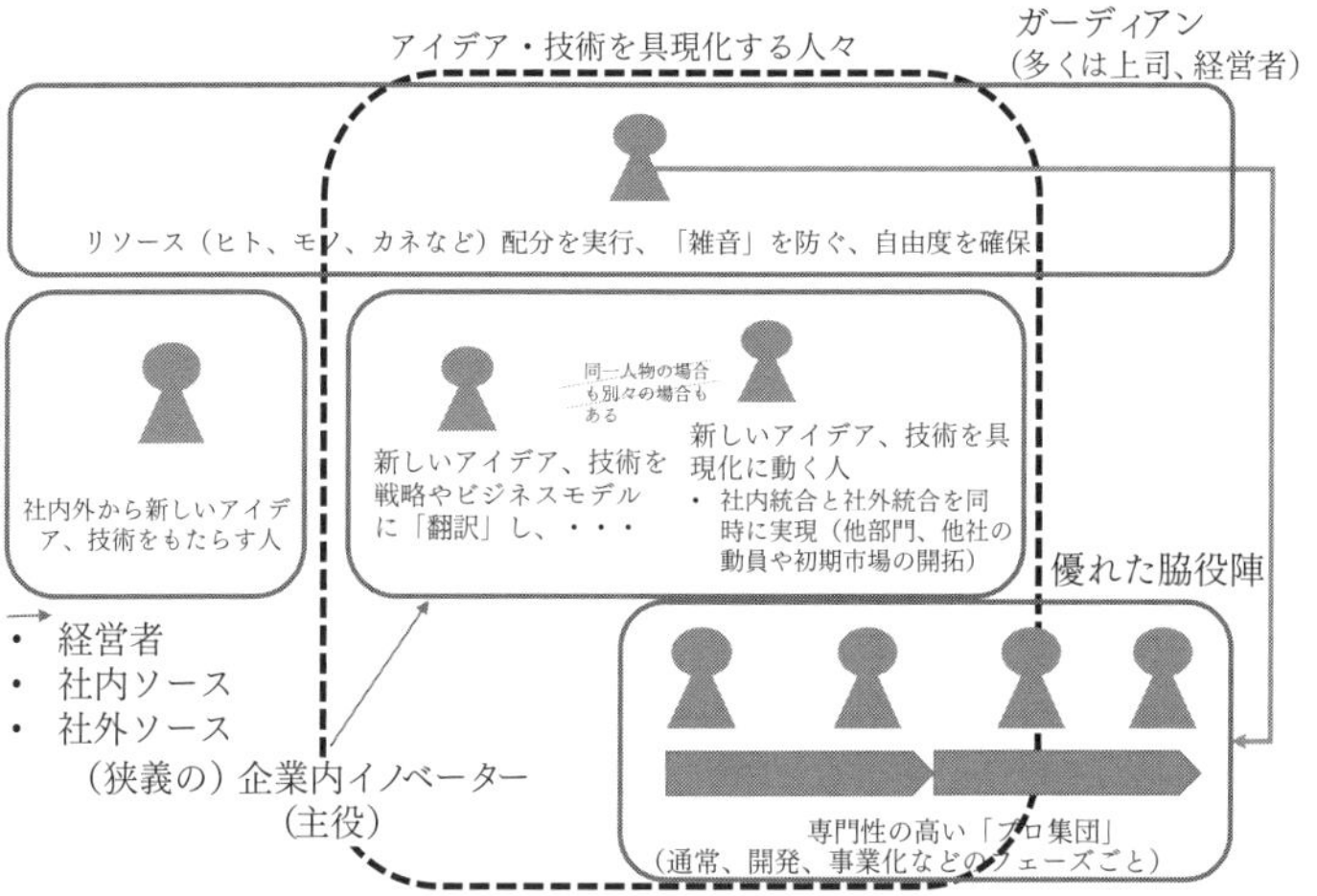

出典）東京大学大学院経済学研究科イノベーターズ・コンソーシアム調査資料2018（非公開）をもとに編著者作成

然、そうした専門性を提供する脇役との協働が重要となる。名脇役となる前提条件は、第1章で見たように、脇役も主役に準じて「起業家精神」を持ち合わせていることだ。

そして最後に、われわれが「ガーディアン（守護者）」と呼ぶ、こうした一連の試みを守り支援する、経営レベルかそれに準ずるレベルの人物が決定的に重要な役割を果たす。彼（ら）は、ほとんどの場合、既存の事業部門から出るイノベーションプロジェクトに対する否定的言動を抑え、経営資源（投資や優れた脇役陣など）を調達してイノベーションの活動を支えるのである。

成功したイノベーションは、これらの4つの役割のすべてが揃う。繰り返すが、これらは役割であり、4人の人物という

図表13　4枚のカードの組み合わせパターン（1）

「カード」の組み合わせにはいくつかのパターンがある。「戦略的意思」が明確に示され、それが共有されている場合は、戦略プロジェクトマネージャーアプローチを利用している

	A社	B社	C社	D社	E社	F社
ガーディアン	複数の本部長（開発、事業）	事業部門長	事業本部長	経営陣からのフルサポート		
主役	百戦錬磨の開発、事業担当者	技術担当者（20年選手）	プロジェクトリーダー（38歳営業開発）	ベテラン技術者	(現地)事業責任者	トップ
アイデア創出	企業としての重要プロジェクトとして組成	企業（事業部門）としての決定	部門としてのプロジェクト組成	企業としてのプロジェクト組成		
名脇役	スター、機能面サポートのプロ集団	技術、現場、顧客との窓口	社外の専門家	重要技術分野の優秀技術者	販売のエキスパート、優秀な現地人スタッフ	ワーキンググループ、一部顧客

戦略プロジェクトマネージャー型（A社〜D社）
→プロ集団で構成する当該プロジェクトを既存部門から距離をおいてイノベーションを進めることで、主役を新しいことに集中させる工夫が鍵

全権型（E社・F社）
→キーとなる人材の確保と彼らと長期にわたり夢や情熱を共有する能力が格段に優れる

出典）東京大学大学院経済学研究科イノベーターズ・コンソーシアム調査資料2018（非公開）をもとに編著者作成

ことではない。対象の11事例の4枚のカードの揃え方を分類してみよう（図表13、14）。

　このなかのA社からD社に共通しているのは、アイデア創出の部分で企業としてのストラテジック・インテント（戦略的意図）が明確に宣言されているという点である。

　これらの事例では、何をイノベートすべきかの対象と目標の設定が、トップマネジメント関与のもと企業のプロジェクトとして行われている。

　もちろん、その取り組みが必要であることを主張し、コーポレートプロジェクトとして組成するうえでのキーパーソンはいた。ただ、役割として見たときには彼、また彼女が一人でその役を果たしたわけではなく、複数の人物もしくは（経

図表14　4枚のカードの組み合わせパターン（2）

社内起業的アプローチでは「主役」の組織に対する影響力の行使が鍵を握る。「想い」を共有するパートナーとの組み合わせの重要性を強調する事例も

	G社	H社	I社	H社	J社
ガーディアン	事業本部長、事業部長	上司（部長）	事業部長	上司	上司
主役	アイデアの発案者でありプロジェクトリーダー（外部－主に顧客－との強力な連携）	商品開発担当者	20年選手、アイデアの発案者であり、ベンチャーの社長として出向	研究所担当者	部門長
アイデア創出					上司
名脇役	最優秀システムエンジニア	研究開発担当者	大学教授（技術）顧客代表	上司	渉外、管理部門トップ

社内起業型（G社・H社・I社）
→主役となる人物のガーディアンを確保し、資金と優れた脇役を調達する能力がイノベーションの成否を決める

幸運な出会い型（H社・J社）
→「想い」の実現を支えるパートナーとの幸運な出会い、組み合わせを演出

出典）東京大学大学院経済学研究科イノベーターズ・コンソーシアム調査報告書2018（非公開）をもとに編著者作成

営企画などの）公式の組織がその主たる役割を果たし、ストラテジック・インテント（戦略的意図）としてイノベーションプロジェクトが発足している。

実際にこの困難なプロジェクトを率いる人物（企業内イノベーター）は、このプロジェクトを事実上任された人物であり、ここで主役として登場した人物である。このタイプのアプローチを、ここでは「戦略プロジェクトマネージャー型」と名付けた。主役が、当初から企業の意思を代表する位置にいたからである。

また、E社やF社のように、イノベーター自身が全権に近い権限を付与され、もしくはすでにトップマネジメントの一員であり、4枚のカードのうち3枚までもが自分一人の役割としてイノベーションを進めて成功した事例もある。こうした「一騎当

千」の企業内イノベーターも存在する。

G社からI社のように新しいアイデアを持ち込んだ本人がそのまま主役となりイノベーションをやって見せたパターンは、一般的な企業内イノベーターによる社内起業のイメージに最も近いかもしれない。最後のH社のもう一つの事例とJ社は、技術側と事業側の二人が共同して進めた事例である。事業側の目利きが「宝」を発見・発掘したような事例だが、調査対象のなかでは多数をしめるものではなかった。

すべての事例でガーディアンとしての役割を果たした人物が特定できるし、(名)脇役も特定できる。ただ、ここで気をつけなければならないのは、4枚のカードは企業内イノベーション成功の必要条件ではあるが、必要十分条件かどうかはわからないという点だ。

成功した事例はすべて4枚のカードが揃っているが、4枚のカードを揃えたからといって必ず成功するかどうかはわからない。イノベーションそのものがそういうものだからだ。

3　課題は何か

前出の(図表10参照)企業内イノベーター育成・再生産のコンセプトを具体化するためには、どのような課題があるだろう。

ここまで、どういう資質の人材にどのような経験を積ませ、どのような役割が適切か、そして、どのような「舞台設定」が必要かについて述べてきた。だが、こういった流れを作り出す仕組みを持ち、体系的に企業内イノベーターを再生産できていると言える企業は多くはないのではないかと思われる。

われわれは、このコンセプトにもとづいて体系的に企業内イノベーターを育成・再生産できる仕組みを備えることで、日本企業はさらにイノベーションの力を強化することができるはずだと考えている。

具体化に向けた課題を挙げてみよう。

こうした資質を持つ人材をいかにして獲得、あるいは発見するか。より具体的にどのような経験がより価値があるのか。何が企業内イノベーターとして「覚醒」するきっかけとなるのか。どのようにしてイノベーションに挑戦させるか。既存の人事制度との「相性」はどうか。成功に向けた「舞台設定」のポイントは何か。経営者はどのタイミングでどのような役割を果たすべきか。そして、そのなかで、図表15に改めて示すように、調査のなかで各社から明確に課題として（弱みとして）指摘されていた、ICTのリテラシーとそれにかかわる人脈やそれに付随したイノベーションの世界への感度の低さ、つまり「ソト」とのつながりをいかに強化してゆくかといったところだろう。

ここで、年齢の問題を取り上げておこう。日本企業の企業内イノベーターは総じて40～50歳である。これは、主役の役割が社内の統合にあることを考えれば当然とも言えるかもしれない。

他方、例えば、米国のユニコーン企業の時価総額トップ50社を対象に、創業時の創業者の年齢を調べてみると（判明割合約7割）、中央値は30～31歳であった。つまり、これがICTを「テコ」にした今日的なイノベーションをスタートさせる旬の年齢であり、仮にこの年齢層と「友人」としての人脈づくりを狙うのであれば、20代後半にいかにリッチな経験を積むか（積ませるか）が重要となる。

図表 15　日本企業の企業内イノベーターの課題

日本企業の「企業内イノベーター」は総じて「高齢(40代、50代)」であり、専門性の面では、ICTの専門性、人的ネットワークの活用、世界への感度の弱さ、つまり「ソトとつながっていない」のが課題

どのような専門性をもって役割を果たしたか（主役・脇役合計、平準化後 *）

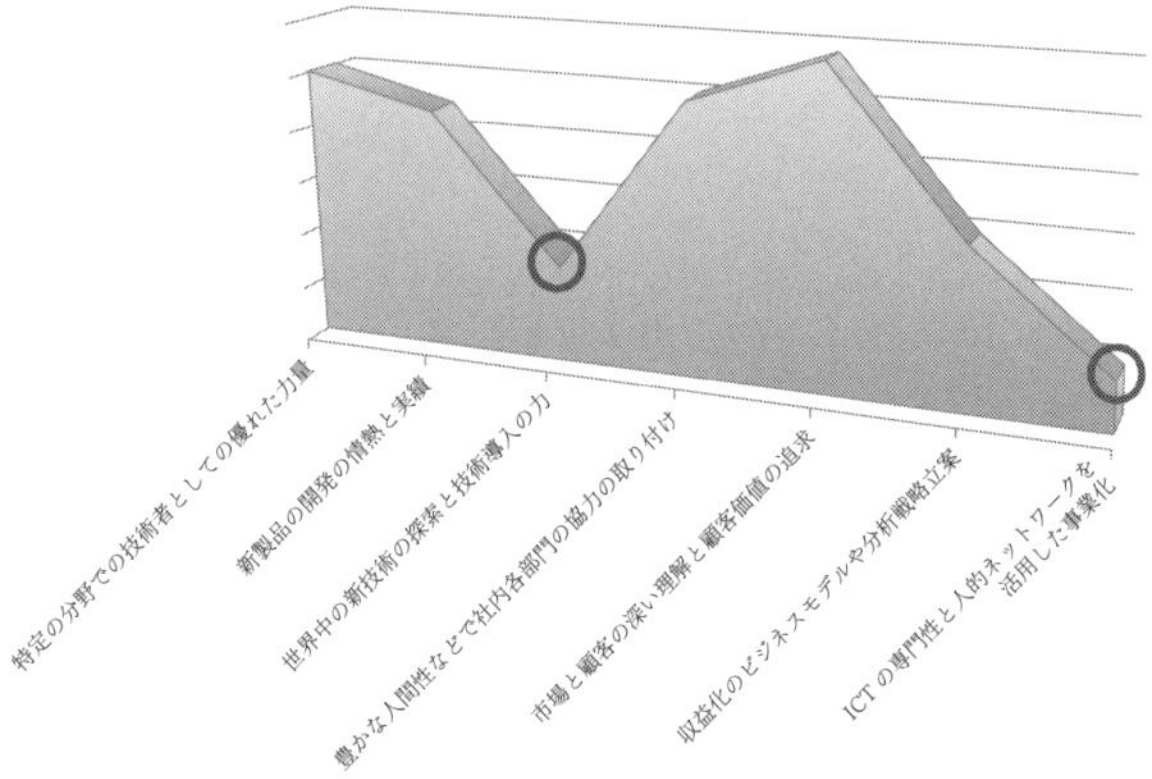

＊人数の多い事例によるバイアスを小さくするため、各社の主役級の平均を計算し1社1プロファイルとみなして再集計している

出典）東京大学大学院経済学研究科イノベーターズ・コンソーシアム調査データ 2018（非公開）をもとに編著者作成

そういう人々と、今回調査対象となった日本企業のイノベーターが最も活躍している年齢である40代の人物がネットワークを築こうとしてもやはり少し厳しいものがある。

日本企業が世界のイノベーションエコシステムと自然に接続してゆくためには、ここでの主役にそれを期待するのか（できるのか）、あるいは新たに脇役としてそうした若手人材を獲得・登用・育成してゆくのが現実的かは、よく考える必要がありそうだ。

ただ、これはそう単純な話でもない。ある先進的日本企業ではすでにこうしたギャップに気づいており、グローバルなエコシステムとの接続ということを期待して、28歳の若手を当該事業の「先進国」に送り込んだ。たしかにその若手は

人脈も含めそれなりに実績を上げてはいたのだが、やがて社内に、そもそも自分の会社（日本）のやり方が全然わかっていないので呼び戻すべきだという議論が出てきたという。

現地のやり方を吸収するのは早かったが、若手にどうやって自社のやり方を教えればいいのか、はたしてどこまで若手に期待してよいのかという問題に直面しているという。この論点は、後ほど再度検討してみよう。

さて、こうした企業内イノベーターはどのように「造られる」のだろうか。そして、そもそも「育成」が可能なのだろうか。物語編の「4人の物語」でご覧いただいた第2次調査で明らかとなったことを含めて、日本企業へのより具体的提言に進んでみたい。

第3章

4人の物語から見えてくるもの

物語編で登場した強力な企業内イノベーターの方々は、それぞれ大変個性に満ちている。こうした、全く別々の企業にいて、全く交わることのない4人の「独立した」物語から、資質や経験値の形成、イノベーションへの取り組み方などの間に共通するものが見えてくるのだろうか。あるいは、われわれの洞察力を刺激するものとしてどのようなことが指摘できるのであろうか。

もし、これほど独立性の高いデータから一定の共通項が見いだせるのであれば、それらは、ある程度まで汎用的に通用する可能性をもっているものと言えそうだ。次にこうした観点での分析を加えてみよう。

1　早くから強烈な自意識（≒アイデンティティーのベース）を形成

まず気が付くのは、これらの「猛者」たちは前の章で見たイノベーターとしての重要な「共通資質」を持っている。知的好奇心に富み、前例のないことへの取り組みが好きで、非常に豊かな発想力を発揮して、徹底してやり遂げる。

だが、そうした資質がどのように形成されたか、その道筋については共通のパターンは見いだせない。小学校以前の体験や経験、親や親族の影響といったところまで広げてパターンを見いだそうとしたが、4人の生い立ちに強い影響を与えたものはばらばらであった。

ただ、資質形成に至る道筋のなかで共通点として指摘できるのが、多くは早ければ小学生のころから「自分（だけ）の世界」を築いていたことであろう。別の言い方をすると、非常に早くから強烈な自意識を形成していたことである。

例えば、「ありたい姿とのギャップに強い劣等感を抱いていた」「権力に対する強烈な反発心をもっていた」「わざと回り道をしたがった」「自分独自の世界を描くのが大好きだった」など、自分が持っている特性・個性についての認識にもとづいた行動を小学生当時からとっていた。

もちろん、自意識は誰でも遅かれ早かれ発育過程で育むものではあるが、彼らはそれが際立っていて、早くから強い自意識（≒アイデンティティーのベース）を築いていたと言ってもよかろう。

幼いころから自意識がこれほど強烈だとすると、周囲から見て「変わり者」あるいは「可愛げがない」などと見られてしまう要因の一つともなるだろう。同時に、後述するように、その強固さゆえに後の人生で彼らが直面する多くの困難を乗り越える精神的支えとなり、さらには仕事上の達成感の源にもなるという点で、この後長きにわたってこの「猛者」たちの生き様を支え続ける要素の一つともなる。

ただ、こうした発育を促進した要素としては、「本」「図鑑」「漫画」「親」などがあるが、それぞれの要因の強弱や主従は人により様々である。総じて周囲の人物からの影響に関してはそう重要ではなかったとの認識で一致する。

また、強い自意識と同じくらい明確な共通点として言えそうなことが、自分と違う個性や価値観の持ち主（友達など）との交わりである。一方で自身の「自意識＝アイデンティティーのベース」をしっかりと持ちつつ、それとは違うタイプの人間とも親しくしていた（できていた）、人によっては、親しいばかりではなく自らを好んでそうした状況に身を置き、あたかもそれが自分のアイデンティティーの一部であるとすらとれるほどに強調する。

こうした傾向は、今回多くの「猛者」たちが言葉こそ違え共通に訴えていた点である。これは明確な自意識の裏返しで、余計に他者との違いを強く認識できる力となる。

この点も、彼らが将来イノベーションを成し遂げる際に、単なる自己陶酔の独りよがりなどではなく、多様な価値観を理解したうえで物事を進めるという、冷静で客観性のある判断をも併せ持ちながら、多くの困難に挑戦し克服してゆく力となるうえで見逃せない点であろう。

2　入社10年ほどの間にどのような経験値を積むかが決定的に重要

彼らは、やはりそれぞれ個性に満ちた学生時代を過ごして現在の会社に入社したわけだが、入社時にイノベーションを起こしてやるぞと意気込み、その準備ができていた者は誰一人いなかった。つまり、企業内イノベーターはそれから何年かをかけて「覚醒」するのである。

明確に指摘できるのが、入社後10年程度までの仕事上の経験が企業内イノベーターとして覚醒、成長するうえで決定的に重要な役割を果たしたことである。その経験値としてのエッセンスは、「自分（たち）で何か新しいものを一から作り上げる大変さと同時にその楽しさ（面白さ）を学んでいる」ことだ。皆、その際には、

①大きな環境変化を経験していること
②複数の（あるいは多様な）仕事や部署を経験していること、また、
③個性的な集団の中で仕事をしていること、さらには、
④その期間を導く力量のある上司（直属とは限らない）との出会いがあること

などが、共通の経験として浮かび上がってくる。彼らの多くが強調するように「置かれた環境が大事」なのだ。この期間のこうした経験は、本人に自分の仕事や役割の全体観を与え、周囲がよく見えるようになるうえで決定的に重要な役割を果たしている。

また、これらはORではなく、彼らの入社10年ほどの間の経験は、これら4点のすべて（AND）を含んでいることだ。どれか一つではなく、すべてである。ただ、こうした経験の積み方が計画的に（育成的に）なされたものというよりは、偶然のたまものに見えるのが残念な点かもしれない。

もう一つ重要な点は、誰も自分が「選ばれた人」であるとは思っていない点だろう。いわゆるエリートではない。最初から特別扱いされてエリートが歩むようなキャリアを提供されていたわけではなく、現実はむしろ逆に映っていることの方が多い。

たとえて言えば、彼らの心象風景は、「ほとんど舗装などされていない凸凹《でこぼこ》道を走る（走らされる）ような経験」だった。こうした経験のなかで得たもの、つまり、小さな成功体験の積み重ねや「自分の宝となった」失敗体験が、後に強力にイノベーションを導く力となって蓄えられていくわけだが、そのような結びつきができるためには、彼らのイノベーターとしての資質や前述の強い「自意識＝アイデンティティーのベース」とのかみ合わせが欠かせない。

ともすると、自分がやりたい仕事以外に配属されたり、花形部署ではないところに回されて母親に「大学出て何やってるの」などと言われたりして、面白くないと腐ってしまい、モチベーションが著しく低下しそうなときでも自分で新しいもの創りだそうと動く。

あるいは、現場や顧客からさんざん怒られながらもできるだけ多くの新しいことを吸収しようという好奇心やエネルギーを保つことができたり、「まるでジュラシック・パークのような」個性派集団のなかでもつぶされることなくむしろ自分のエネルギーにできたりするのは、その時点でほぼ完成されていたと考えられるイノベーターとしての資質や強い自意識がベースにあったからこそであろう。

つまり、それまでに培ってきた精神的土台と経験がかみ合ったからこそ、「覚醒」につながる道へと進むことができたと見るべきだろう。

自分をより客観的に理解することができるようになっていったうえに、人がやらないこと（できないこと）に取り組もうと動くイノベーターとしての基本所作が身につき、その後の大きな、そしてより困難を伴うイノベーションに挑戦し、その主役を全うする準備ができてきたと考えられる。

3　イノベーターとして「発掘」してくれる人物の存在

当然のことながら、入社してから何年もの凸凹道を走るようなキャリアを通じて、誰かしらが彼らの能力や資質を見極めながら、その配属を決めたり様々な機会を提供したりしてくれている。結果的に、それらの判断がイノベーターの育成に大きな役割を果たすことになったわけである。

すでに述べたように、こうしたキャリアがイノベーターとしての成長に結びつくためには、本人の資質や「アイデンティティー」とのかみ合わせが必要だ。したがって、そうした人材を的確に選んでその可能性を見抜き、ふさわしい経験をさせていかなければならない。そうした人材の「目利き」が存在したことで、はじめてこうした経験が優れたイノベーターの覚醒へと結びついたと見ることができる。

ただし、どの事例でも、これがその企業の制度的な仕組みの下に行われたというよりは、理解ある上司との偶然の出会いやこうした「若造」の将来性を見出すことに長けていた経営レベル（トップを含め）の人物と（偶然に）出会うことができたことによるものというのが現実である。

また、注意が必要なことは、この人材の目利きは、将来の経営リーダー候補を発掘するための目利きではない。イノベーター（の候補）たちは既述のような光り輝くものを持っているとはいえ、エリートでもなければ経営リーダーとしての資質を十分に兼ね備えているとは限らないからだ。

既存部門を率いてゆくような「正統派」経営リーダー候補だけを見出そうとする目では、彼らを十分に捕捉することはできなかったであろう。もしも、こうしたイノベーターとしての可能性を見抜くことのできる洞察力のある目利きに巡り合えなかったら、彼らは単なる「変わり者」としてイノベーションの檜舞台《ひのき》へ上がるチャンスを与えられることはなかったかもしれない。

4　総じて失敗やリスクを恐れるような感覚は希薄

あらゆるイノベーションへの挑戦はリスクを伴う。それまでにないことをやろうというのだから予測が困難であるうえに、とるべき手順や困難な状況に陥ったときの対処法も未知だ。ましてや、挑戦の成功失敗が自分の評価に対しての影響が少なからずあるかもしれないことは、組織で仕事をするものであれば誰でも理解しているところだ。

それゆえ、多くの人は失敗のリスクを天秤にかけ、回避したり、尻込みしたり、腰が引けたりするものだ。そして、腰が引けるほど失敗のリスクは高くなり、失敗の言い訳を考えながら中途半端な仕事をしてやはり失敗する。そして、そうした姿勢や評価が周囲にイノベーションに取り組む怖さを見せてしまい、組織としてのリスクテイクを忌避するカルチャーを育んでしまうという負の連鎖に入ってしまい、そこから抜け出すことが難しくなる。

だが、ここでの登場人物は、こうした負の連鎖に陥ることがない。どうせ失敗するほうが多いのだからと冷静にリスクを受け止め、周囲に対してもそのような「合理的な」姿勢を見せることを厭《いと》わない。あるいは、「まったくリスクなど感じたことはない。むしろ新しいことが無いといらいらする」

とまで言い切り、新しいことに立ち向かう精神的な高揚が失敗を恐れる感情を圧倒している。さらには、仮に失敗したとしても、客観的な評価はともかくとして、その失敗を自分として否定的にとらえる必要性を感じていない。さらには、失敗経験は「自分の宝」とまで言ってのける。

彼らは皆、自分のなかで主観的なリスクを軽減したり失敗のプレッシャーのなかで精神的なバランスを保ったりする力を備えていることがわかる。客観的にはリスクがあることがわかっている前例のないことへの挑戦を前にしても、こうした内なる力を発揮することができる人材なのだ。

5　自分の持ち味を認めてもらうことに達成感

では、彼らは自分が周囲からどう見られていると感じているのだろうか。それまで誰もなしえなかったことを見事にやって見せたのだから、みな祝福され称えられるような存在になっているのだろうか。

実際のところ、自分がどう見られているかの認識には多少ばらつきがある。変わり者と見られている、異質に見られる、いじめられる、ほめられたことはない、などのかなり後ろ向きの認識が多いことは言えそうだ。

全員に共通しているのが、自分はヒーローでありそれがゆえに組織の出世の階段を駆け上がっているというような感覚は持っていないということだろう。事実、そうではないケースが多い。また、自分を他者、例えば同期入社者と比べてその出世スピードなどを重要視するような感覚も弱い。

では、いったい何に達成感ややりがいを感じているのだろうか。ここで活躍しているのが、幼いころに自覚し、入社後数年間の間に鍛え上げられた「自分らしさ」という強固な「自意識＝アイデンティティー」と「自由にやらせてもらって幸福だった」「今から思うと好きにやらせてもらった」といった自由度の感覚である。

彼らは、成功失敗よりは、まずもって「自分の持ち味」を正当に認めてもらうことに達成感を感じている。彼らはイノベーションへの挑戦を前にして手を抜くことは一切ない。それぞれが自らの持ち味を熟知しているので、それを思う存分発揮することができる自由度を与えられることこそが、達成感ややりがいの最も重要な源泉である。

そして、成功そのものよりも、その「自分の持ち味」を周囲から認められることこそが重要と考えている。「表に出ることは好きじゃない」「目立つのは嫌いだから一切講演などの依頼は受けない」など、求めるものはその場の喝采ではない。自分という存在への深い理解と認知である。

だからこそ主観的リスクを小さくすることもできるのであろう。前述のように、イノベーションは絶対に成功するなどということはないことは十二分に理解している。強固な自意識は、たとえ失敗してもこれさえ認めてもらえれば心理的セキュリティを確保する役割も同時に果たしていると考えられる。だからこそ正面から立ち向かい、周囲を巻き込む影響力を発揮できるのだ。

6　独自の社外ネットワーク、「右腕」、そして、幸福な偶然

彼らの長く波乱に満ちた物語の端々に登場し、彼らの行動力や判断力に多大な影響を与えてきたと推測される独自のアセット（資産）に、独自の社外ネットワーク（人脈）、「右腕」のような人物、そして幸福なる偶然の3つがある。

最後のものは資産と言うには若干違和感があるかもしれないが、人との出会いやそのタイミングなど、計画してもしきれない偶然の重なりが彼らの活動に味方したことは見逃せない。その意味で、彼らが獲得したものとは言えないものの、結果的に彼らにとっては欠かせない「資産」であった。

1人の例外もなく、未知のものに挑んでゆく過程において、それまで蓄積してきた彼ら独自の社外（分野によっては海外）の専門家やハブとなる人物などとのネットワークが重要な役割を果たしている。

こうした社外のネットワークは本人がかなり強く意識して作らない限り持てないし、一朝一夕に築けるものではないことから、彼らが早くからソト（社外）に向かって開かれた目と行動力を持っていたことをうかがわせる。

こうした彼らのネットワーク上の人物は、専門性や広い視野、視点で彼らを支援したり、サウンディングボードとして彼らの思考を促進したり、新たな情報源となる重要人物を紹介したりしてくれる役割を果たしている。

また、ほとんどの場合、彼らには「右腕」と言えそうな、そばにいて彼らの活動を支える（ときとして冷静に批判する）人物を持っているようだ。彼らは、自分の持ち味を心得ているがゆえに、自分がその持ち味を存分に発揮することに集中するための人物を求めている。

自分が不得意であったり、時間的な優先順位を低く設定したりしている役割を代わって果たしてくれる人物。例えば、プロジェクトスケジューリングやロジスティクスといった高度なスタッフ力をもってプロジェクトを進行させてくれる人物。あるいは、自分とはまったく価値観の異なるタイプの人物であるがゆえに、自分の考えをぶつけることでより現実をより深く洞察することに結びつくような人物である。

実際、日本の誇る偉大な起業家たちでさえも決してあらゆる面で突出していたわけではない。自らの持ち味に存分に集中するためには、信頼できる「右腕」が不可欠だった。よく知られているように、本田宗一郎が本田技研工業を創業したのは彼が42歳のときだが、その数年後には実質的な経営を藤沢武夫にゆだねている。ソニーの井深大も38歳で東京通信工業（のちのソニー）を立ち上げたときには、盛田昭夫が弱冠25歳ではあったが彼の「右腕」として経営者に名を連ねていた。彼は、主に資金調達や営業面から同社を支え続けることになる。

イノベーターや開発者として役割を果たす場合には、その企業内イノベーションにおいては、この「右腕」が組織的に整えられる場合もありそうだ。例えば、開発者としての仕事を支える営業部隊の特定の人物であったり、顧客とのインターフェースを任される局面では企業グループ各社からの「選りすぐりの」開発者であったりする。

また、前出の企業内イノベーターは自ら築いている社外のネットワークを、そうした「右腕」的役割を果たすべく構築、発展させている側面も強く、社内論理だけに踊らされずに自分の考えを深めてゆくためのパートナーを都度アップデートしてゆくといったダイナミックなものとして理解するほうがより実態に近いだろう。

7 ガーディアンの存在は誰にとっても欠かせない

ガーディアン（守護者）の存在は例外なく不可欠である。イノベーションの活動時に本人からどこまで具体的に見えていたかにはばらつきがありそうだが、振り返ってもらうと必ず自分が「守られていた」ことを明確に認識する。ガーディアンは経営資源を確保し、雑音を封じ、自由度を与え、場合によってはイノベーターを励ますような存在である。包みこむようにこれらの猛者の活躍を守り、促している。

具体的には、「トップなしには自分はありえない」「若いころに仕事をともにした現社長」などトップや部門長など一人の場合や、あるいは「多くの上司のサポートがあった」と複数の場合もある。さらに、「なぜか、ずっと守ってもらっていた」と、上司個人が代わったとしても継続的にガーディアンとしての役割が継承されているケースもある。

こうしたガーディアンの連鎖が明示的な企業は、イノベーションの推進に対する企業としてのストラテジック・インテントがより明確に確立している例として解釈することもできよう。

8　イノベーターと経営リーダーは似て非なるものか

こうした企業内イノベーターは、企業の長期的発展にとって不可欠の存在である。ただ、その承継については、彼らの多くは悲観的である。

その理由として経営層の一層の保守化、多様なキャリアを積ませない傾向、無難な人材評価基準の蔓延《まんえん》、若者自体の内向き傾向などを指摘しながら、自分のような人材の再生産はますます難しくなっていると指摘する。自社の人材育成が、イノベーターに不可欠な「境界を超える力」を育てる方向とはむしろ逆の方向に動いているとも指摘する。

企業が成熟するほどに、人材育成が既存事業を発展させる正統派リーダー育成のほうに偏っていってしまう傾向はそう珍しいことではないし、間違った判断だなどと述べるつもりもない。ただ、既述のようにイノベーター育成がそうした傾向の恩恵を受けるとは限らない。

率直に言って、実際のところ彼ら全員がいわゆる正統派リーダーとしての適性を身に付けているかというと、そう断言することはできないだろう。ここで筆者が企業の正統派リーダーと呼ぶ人物のキャリアのイメージを単純化してまとめると、次のようなものである。

「企業の既存の制度や組織を巧みに利用しながら組織の階層を登って自分の影響力を徐々に広げる。そして、常に自分の周囲の動きを見ながらリスクを巧みに避けつつ自分に与えられた仕事よりもほんの少し先までやり遂げて評価を得る。ときには『裏表』を使い分けたり、政治力とリーダーシップを混在させたりしながらより大きな組織を動かす術を身に付けてゆく」
今回取り上げた4人は、こうした生き方に魅力を感じている人々ではなさそうだ。むしろこうした正統派リーダーを敵に回してしまいそうな勢いだ。

誤解なきように、あえて付言しておきたいが、本書に登場してもらった猛者は、それぞれの方々の物語の冒頭で紹介したイノベーションの事例以外にも数多くのイノベーションを手掛けている。いわゆる「一発屋」などでは断じてない。したがって、それらの新しい事業や、場合によっては新会社の立ち上げを（経営）リーダーとして率いてこられた経験も持っている方が多い。

ただ、新しい事業（あるいは会社）の立ち上げのリーダーシップと、立ち上がった事業（会社）を運営し着実に成長させてゆくリーダーシップとは必ずしも同じではない。事業としての成熟度が高まるほど、ここでいうところの「正統派」リーダーが求められてくる傾向がある。

他方、多くの、特に強力なイノベーターは、次なるイノベーションに挑戦するのである。いわゆるシリアルイノベーターとなってゆくのだ。両者の距離はむしろどんどんと開いてゆくのかもしれない。個別の事例によってその程度やスピードなどは違っていてなかには、時代を創る新たな技術サービスを開発した立役者（イノベーター）に経営リーダーとしての「正統性」を求めるあまり会社を去っていってしまうように、イノベーターのリテンション（つなぎとめ）に失敗する企業もある。

他方、例えばホンダは本田技術研究所の社長経験者が「本体」の本田技研工業の社長となるような形で象徴的にイノベーションと経営の融合を図ってきたし、コマツや一部の自動車会社のようにイノベーターとして実績を持つ人物が経営のトップになる企業もある。また、トヨタ自動車やかつてのソニーのように社長とは言わずとも経営トップを直接支えるポジションに企業内イノベーターとして実績を上げてきた人物を据えてきた企業もある。とはいえやはり、企業内イノベーターと経営リーダーをイコールで結ぶことにはやや無理がありそうだ。

では、誰がどのようにして、こうした新時代を創るイノベーターたちの物語を、敬意をもって組織の知恵として刻んでいけるのだろう。何らかの形で物語としての詳細な記録を残してゆけばよいのだろうか。そしてその記録を読めば次のイノベーターが覚醒するだろうか。とてもそう簡単に行くとは考えにくい。

あるいは、こうしたイノベーションの猛者に経営者としての経験をさらに積ませ、「正統派」経営リーダーの一員としての「ガーディアン」に育てることも考えられるだろうか。

現実にはそうした動きもあまり顕著ではなさそうだ。ガーディアンがその役割を果たすためには、あくまで企業経営の一翼を担う人物でなければならない。しかし、多くの企業において、「本流」対「変わり者」の構図を引きずり、イノベーター→ガーディアンといったガーディアンの再生産の循環を創り出すには至っていないように見える。

第4章 企業内イノベーターはどのように生まれ、活躍するか

彼らが強調するように、あるいはこれまで比較分析で見てきたように、確かにここに登場するような、次の時代を創る企業内イノベーターたちは、個々には再現性が低いだろう。「自分を再現することは不可能」かもしれない。

他方、どの企業もこうしたイノベーターなしには長期的に発展を続けるのは難しいということも分かっている。個別のイノベーターを精密に再現することはできなくても、企業を挙げてイノベーターを再生産するための仕組みづくりに取り組むのには価値があるのではないか。次に、その仕組みの提案をしてみよう。

まずは、ここまでの検討をもとに企業内イノベーターがどのように生まれ、活躍するかをライフステージの形で整理することから始めよう。

企業内イノベーターの成長には大きく分けて次の3つのステージがあると考えられる。

第一期：イノベーター前史
第二期：企業内イノベーターとしての形成と覚醒
第三期：イノベーションへの挑戦と承継

図表16　企業内イノベーターの【ライフステージ】
企業内イノベーターはどのように生まれ、活躍するか

概念図

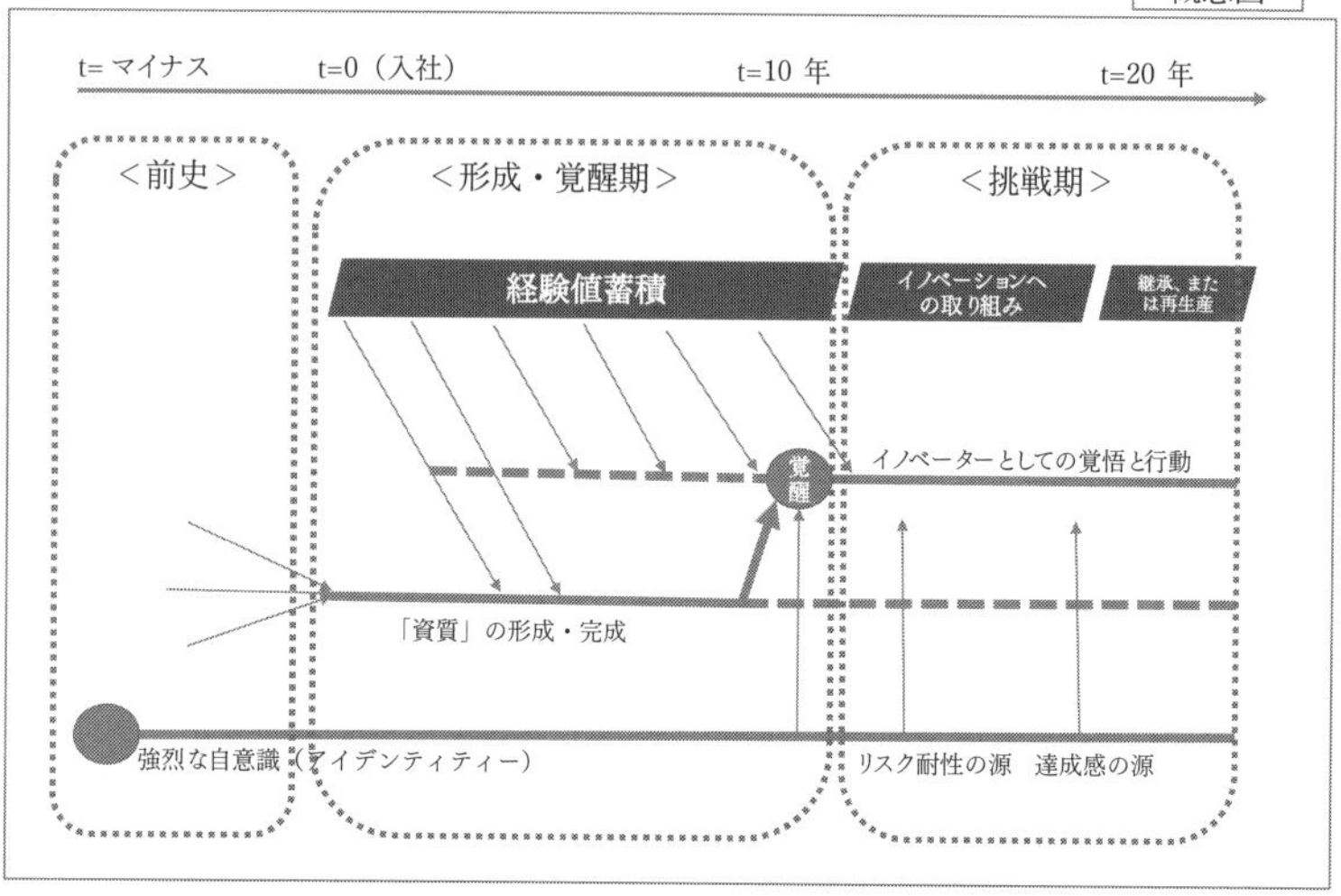

出典）東京大学大学院経済学研究科イノベーターズ・コンソーシアム調査資料2020（非公開）をもとに編著者作成

これを図示すると図表16のようになる。

1　企業内イノベーター育成には「前史」がある――人材獲得活動での可能性

すでに指摘したように、強力な企業内イノベーターのプロファイルを深掘りすると、彼らのイノベーターとしての活躍を支えるいわば精神的土台として、企業に入社するはるか以前に形成された強力な自意識（＝アイデンティティーのベース）が存在している。これをここでは企業内イノベーター「前史」として位置づけよう。

この前史そのものに企業が何らかの形でかかわることができるかどうかはかなり疑問だが、イノベーターの資質を持つ者の獲得の機会である一般的な企業の採用活動の場について、まずは考えてみよう。

企業の採用活動の場で各人の自意識を確

かめるのは簡単ではない。すでに見たように、今回ご登場いただいた4人の方々の自意識の「内容」には共通するものは希薄であったし、人によっては心に埋め込まれたものとして若いうちには十分自覚していないことも考えられる。

ポイントは、どのようなアイデンティティー（自意識）かという内容より、その強固さにあるだろう。というのも、すでに見たように、これがのちにイノベーターが直面する様々な困難や軋轢、また報われない結果などに耐え、そのなかでも達成感を得ることができる土台となっているからだ。

もちろん、こうした強固な自意識だけでイノベーターが形成されるわけではない。この時点で現実的に検討対象となりうるのは、企業内イノベーターとしての共通の資質を備えているかどうかである。

企業内イノベーターとしての共通の資質は次のようなものであった（「主役」を想定。多くは「脇役」も共通している）。

- ●強い知的好奇心
- ●新しい組み合わせでの発想力（主役に顕著）
- ●前例のないことへの挑戦
- ●具体的成果の追求
- ●成功、失敗両方から学ぶ（主役に顕著）
- ●やりきる力（主役に顕著）

こうした人材を採用の際に見つけ出す手法としてすぐに思いつくのが、人材採用時のスクリーニング（テストや面接）であろう。これは採用の技術が進化することで将来的にはある程度精度の向上に期待が持てそうだが、技術論よりも重要なことがある。それは、現実にはこのような資質を備えた人材が必ずしも企業の採用の基準そのものに合致しないことが多いかもしれないという点だ。一般的に企業が歓迎する若者（下段）を前述の資質と対比して表現すると、

強い知的好奇心（質問する力）／「地頭」のよさ（見事に回答する力）
新しい組み合わせでの発想力／既存事業を着実に進化させる論理性
前例のないことへの挑戦／「自社流」を身につける適応力の高さ
具体的成果の追求／徹底したリスク管理の力
成功、失敗両方から学ぶ／（不要と考える）リスクの回避
やりきる力／与えられた任務を追求する気力と体力

といったところだろう（もちろん企業によって違いはある）。

こうした違いは、仮に数千、数万のエントリーシートのなかから学生が面接にこぎつけられたとしても、繰り返される層別の採用面接のなかで着実に探られ、上段の資質は見事に見抜かれ、多くの場合「わが社に合わない」などの理由で淘汰される。

淘汰自体を否定的に論じるつもりはない。なぜなら、ほとんどの場合は既存事業を着実に発展させ

ることのできる人材の再生産が、最も重要な人材獲得、育成上の狙いであってもまったくおかしくないからだ。

ただ、企業がそうした「正しい」判断を繰り返しているにもかかわらず、否、「正しい」判断だからこそ、それまでとは異質な事業展開やビジネスモデルを持ち込むイノベーションをもたらす可能性の高い人物が徐々に枯渇し、時代の不連続な変化を先取りすることができなくなるというジレンマに陥るかもしれない。

ちょうどクリステンセンが20数年前に指摘した、既存企業が正しい判断を繰り返していくがゆえに断層的なイノベーター（Disruptive Innovators）企業にしてやられるかもしれないという「イノベーターのジレンマ（Innovators' Dilemma）」（Christensen：1997）の人材版とも言えそうだ。

下段のような資質や経験値を持つ人材から、ここで期待しているような強力な企業内イノベーターが生まれるとは考えにくい。さらに言えば、ここで述べているような企業内イノベーターの資質は必要条件であり、必要十分条件ではない。こうした（上段のような）資質を持っている人材がすべてイノベーターとなるとも言えないのである。

これらは新卒の一括採用を想定しての話だが、キャリア採用（中途）についても基本的には同じである。ただ、新卒の採用に比べると資質の判断材料は多いだろうし、一人あたりの採用に時間もかけられる。可能性としては、こちらに期待するほうが多少はよさそうだ。ただ、こちらも一般的には「即戦力」採用の狙いが示すように、場合によっては新卒よりももっと「本流」よりの人材を求めることも考えられるので、イノベーター人材を採用する決め手と言うのにはやや無理がある。

さらには、果たして今日、そして今後、企業内イノベーターとしての資質を有するような若者が大企業への就職を希望するかどうか、という点も考えなければならない。今日の就職に関する情報量は、この4人の方々が入社されたころ（20年以上前）に比べてはるかに広範かつ緻密である。また、起業という選択肢もますます広がるだろう。

こうしたイノベーター人材を求めるのであれば、企業としてこうした人材を意識的に求め、キャリアを提供しているということをしっかりと若者に向けてアピールしなければなるまい。

2　形成・覚醒期こそが「創世記」となる

さて、人材獲得の努力を進めながらも、より実践的には、既存の従業員から潜在的なものを引き出してイノベーターとして覚醒させることに尽力する必要もある。

そしてその際に不可欠なことが、効果的な経験を積み重ねさせる経験値の積み上げと、そこでの業績を通じてイノベーターとしての可能性を見抜く「目」を備えることだ。

イノベーターをつくる経験値の4大原則

入社10年ほどの間の経験が決定的に重要であることはすでに述べた。この時期に獲得する経験には4つの共通点があった。これらの4大原則は、どれか一つではなくすべてを含む経験をすることが求められる。これらを入社10年ほどの間のキャリアデザインの基本に据えることが望ましい。

複数の職場や仕事を経験させて多様性を身に付ける

4人のなかで、一人として、ある業務や機能一本で過ごしてきた方はいなかった。複数の部署や仕事、専門性を経験、海外で日本の環境とは全く違うなかでの苦闘など、明確に異なった専門性を要求される仕事や環境を複数経験してきた。これは、違うものを結びつけながら新しいものを生み出してゆく発想力を刺激することにつながっているだろう。

「違う種類」の人々と協働できる術を身に付けるという点でも注目したい。もともと自分と違う、場合によっては正反対の価値観を持つ人々とうまく協働できることを自らの持ち味としてきた方も何人もいたが、多くはこの時期にそうした仕事上の術を強化してきたことが見て取れる。彼ら自身の言葉では、「イノベーションに必要なことは環境を激変させること」「境界を越える能力がイノベーションの源」などに表れている。

個性的な集団のなかで仕事する経験

若い時期に強烈な個性を発揮する先輩と仕事をする経験を積む。これはその独自のスタイルや個性に対する許容度の大きさ、仕事への取り組み方の多様性などを学ぶ格好の機会となっている。もちろん、前述のような、違った「種類」の人々と協働する術を強化するうえでも役に立っていた。

大事な点は、彼らはこうした経験を苦しい経験としてよりも、むしろ楽しい経験として振り返っている点である。互いに個性的だからこそ彼ら自身の自意識に対する肯定感を育んだとも推測できるし、したがってその個性にさらにエッジを効かせる強いインセンティブ（場合によっては押しつぶされないための対応）になってきたし、精神的なタフさを身に付ける場となったと見ることができよう。

ゼロから作り上げる大変さと楽しさの両方を体験できる環境

また、興味深い共通点として見られるのが、（不本意な配属などで）「腐っていた」時期が含まれていることであった。しかも、その時期にこそ（あとで振り返ると）多くを学んでいたという点だ。

例えば、お客さんに怒られながらもそのお客さんが求めているものを学び、その後の自らの仕事哲学の中心に据えたり、自分の失敗をもとに現場の人々との信頼関係を築いたり、「合わない」上司との軋轢のなかから次の飛躍のきっかけをつかんだり、といった具合であった。

より重要なことは、皆こうした時期にゼロから新しいことを作り上げる楽しさを同時に学んでいるという点である。

たしかに、このような時期には特につらい思いや失望感を味わう経験も多い。ともするとこうした後ろ向きの部分だけ強調して、企業の人材育成では若いうちに「厳しくつらい」体験をさせることが大事だと論じられる場合がある。だが、同時にそのなかで新しいことを作り上げる「楽しさ」を学べるような可能性の提供や経験をさせることこそが重要であり、ただ単につらければよいというわけではない。

また、こうした時期にこそ、それができる人材（イノベーター候補）とそうでない人材が分かれるので、その違いを見極めることにもつながる。

社外ネットワークを自ら築き始める

イノベーターたちがこの期間に身に付けたもう一つの重要な姿勢は、社外ネットワークを精力的に築くことである。主な対象者としてはバラエティーがある。例えば、顧客とのネットワーク、領域別にキーパーソンを知っている「ハブ」の役割を果たしている人々、海外の関連領域の有力な専門家、国内の有力コンサルタントや研究者などである。

ここでの要点は、独自の社外ネットワークを自分で築いている点だ。その後、実力を発揮する挑戦期になってこうした社外のネットワークが大きな役割を果たした（果たしている）。ただ、こうしたネットワークを作り上げるには相当な時間がかかる。彼らは、若いうちから目が自分の所属する企業組織の「ソト」にまで広がっていた。

企業がこうした機会を用意して提供するのではなく、彼らのこうした独自のネットワークづくりに結びつく社外の活動を許容することを考えるべきだろう。

ネットワークは自分で築く必要があるが、ここでも全員がそれをできるわけではない。目が外にも向き、自らのネットワークを築ける人材こそが求める人材に近くなる。そうした人材は放っておいても作る。企業としては、放っておいてやる許容度が必要なだけだ。

「発掘」

彼らはこの時期にすでに異色な仕事の仕方を見せ始めていたが、こうした人材が単なる「変わり者」で終わらず、のちに企業にとって大きな貢献をする人材に育っていった背景には、前述のような4大原則に沿った配属や異動、あるいは抜擢を行った人物が（結果的にかもしれないが）いらしたことを見逃すわけにはいかない。

ここでご協力いただいた企業のなかにそうした「目利き」の方がいらしたことはすばらしいことで

あるが、より多くの企業でも、このようなイノベーター人材（素材）を見抜く「目」を持った人（人々）によって、10年のスパンで適切な配属、異動、抜擢などを行うという、企業内イノベーターたちを「発掘」し育てることができる仕組みが欲しいところである。

既述のように、一般的な人材獲得チャネルでこうした人材を計画的に確保することはあまり期待できないうえに、育成に何年もの期間が必要となることを考えれば、まずはこうした既存の人材からの発掘とそれに伴うキャリアデザインを進めてはどうだろうか。

統計的に証明しにくいし、企業によって事情は違うのではあるが、入社後10年分の人材のプールのなかには、ここで取り上げているような企業内イノベーションの「猛者」に覚醒しうる人材が一定数発掘できるのではないだろうか。経験的には、その点において日本企業も捨てたものではないと思うのだが。

3 挑戦期はガーディアンがカギを握る

ガーディアンとイノベーターのシンクロ

企業内イノベーターとして覚醒しさらには覚悟ができ、それぞれのスタイルで本格的なイノベーションに挑み始めると、彼らはすぐに多くの困難に直面する。

多くの場合、企業内イノベーターは自らが描いた全体像（世界観）をもとに、それを実現するために社内外の重要な関係者の協力を取り付けたり動員したりする行動パターンをとる。ここで、重要なのは、自らの世界観を描くことが楽しいか、あるいは得意かという点と協力の取り付けや動員の術を知っているかどうかの点である。

すでに見たように、これらのイノベーターの多くは、前者が幼いころからの得意技である。ただ、いくら得意技とは言っても、それに関係者の協力や経営資源の配分が伴わなければまさに絵に描いた餅である。この時点で不可欠な存在が「ガーディアン」である。

本書の4人のイノベーターにとってのガーディアンの役割は、主に次のようなものであった。

●**自由度を与えてくれた**　本社や既存事業からの介入を最小限にして自分に自由度を与えてくれた。そのなかには時間的猶予をくれたということも含む

●**経営資源を配分してくれた**　プロジェクトの重要性を関係部門に説いて回り、必要な経営資源を調達してくれた。経営資源のなかには脇役などの人的資源を含む

●**「雑音」を防いでくれた**　新しいことを進めるうえでは必ず否定的勢力が存在する。特に既存の事業からの反対は典型的である。そうした周囲からの「雑音」を静めてくれたり聞こえなくしてくれたりした

別の言い方をすると、確かにイノベーターたちは社内の統合のために自らのチームを作り、社内（外）を駆けずり回り、イノベーションの実現に向けて強いリーダーシップを発揮したが、実は「ガ

ーディアン」もその重要な役割を分担していたということである。社内統合は、イノベーターとガーディアンの共同作業だったと言っても過言ではない。

ただ、ここでいうガーディアンが実際誰であったのかは、渦中のイノベーター本人も気が付かなかったケースもあるくらいだ。「物語編」で個別に見たように、トップマネジメント一人であった場合もあれば、部門長が代わっても新たな部門長がそれを引き継ぐケースもある。さらには、関係部門の長がそろってガーディアン（グループ）として機能した例もある。

具体的に誰がその役割を果たすにしても、ガーディアンの存在と活動が挑戦期の成否のカギを握っていることは間違いがないだろう。

「アイデンティティー」に喝采を

企業内イノベーションの仕組みとしてガーディアンの役割の重要性を述べたが、これと対をなすものとして自意識に代表されるイノベーター自身の精神的強さがある。すでに指摘したように、その形成は人によっては小学生ころにまでさかのぼるものだ。

これが企業内イノベーターとしての活動の大事な場面での支えとなっていた。特に主観的なリスクの認識と仕事の達成感についてはそうで、自分のなかでのリスクのとらえ方の基準となり、また、自分の持ち味を発揮できるかどうか、それを周囲に認めてもらえるかどうか、が達成感の重要なモノサシとなっていた。自分にとって最もふさわしい生き方かどうかを常に問うている成熟度の高さを示していた。

ただ、現実には、客観的に見たときの彼らの仕事の成果の素晴らしさに比べると、多くはそれにふさわしい喝采を浴びているわけではない。「黒子」に徹して埋もれてしまっていたり、「変わり者」に対する単純な反発であったり、嫉妬であったり、と状況は様々ではあるが、たとえて言えば、皆、のどに小さな骨が刺さっているような感覚を抱えている。それでも自分らしさが認められることがより重要なのだ。彼らの業績の認知にはこうした側面をうまくとらえた喝采の仕方を工夫したい。

承継、再生産のカギを握るのもガーディアン

こうした強烈なアイデンティティーは、彼らの精神的タフさ、成熟度を示しているのではあるが、同時にこうしたイノベーターの再生産を難しくしている要因でもあるだろう。まずもって、周囲からはヒーローには見えないことが多そうだ。実際、自分がその成果ゆえに出世街道を駆けのぼってきたという実感は（客観的事実も）薄い。

ここでも望むらくはガーディアンの出番があるとよい。ガーディアンは先に述べたようにイノベーターとシンクロしながらイノベーションのプロジェクトを推進する実行者（Executer）としての役割だけでなく、こうした「変わり者」である企業内イノベーターの再生産を可能にする、もしくはせめてそれを邪魔しない処遇や祝福の見せ方を工夫する設計者（Designer）の役割も果たすべきであろう。

今回の方々のなかでも、比較的ベテランのガーディアンにはそうした人事の匠《たくみ》までも心得ている方もいた。具体的な実現の形は、例えばイノベーターとガーディアンとの人としての信頼関係の在り方にもよる。ガーディアンが特定のイノベーションプロジェクトの守護者を超えて、イノベーターその

ものの守護者となっているような場合もあったようだ。そうした場合には、当該イノベーターをほかの経営レベルの人物に対する刺激材料として上位に登用するようなこともあったろう。

もっとも、今回の調査対象となった複数の企業のイノベーターの方々は、以前に比べると、そうした組織内の力学を理解する懐の深い上司や経営者がかなり減ってしまっていることを指摘している。

別の言い方をすると、多くの方がイノベーターの再生産が難しいと感じている背景は、イノベーターになりうる人材が減っていると同時に、あるいはそれ以上にガーディアンとなる人材が減っている影響も大きいことを示唆していると見てよかろう。

ではどうやってガーディアンを再生産すればよいのだろうか。企業内イノベーターが「出世」してガーディアンとなる道筋も考えられなくはない。イノベーターはリスクをとった経験も豊富であり、精神的に強靭で成熟度も高いからだ。ただ、そうした道筋を創り出すためにはやはり、強力なガーディアンとなりうる経営リーダーが必要だろう。「ニワトリと卵」のように見えるが、ここではニワトリと卵は違うのである。

イノベーションマネジメントの理論ではしばしば指摘されるように、あるいは本書でも再三述べているように、企業におけるイノベーションに最も重要なのは技術ではなく、企業としてのストラテジック・インテント（戦略的意図）である。日本でもイノベーションの推進を自社の最重要ミッションの一つに掲げている企業は少なくはない。今回の企業のなかにも、当然そうした戦略的意図が明確な企業がいくつもある。

ただ、言うまでもなく、単にミッションを看板に書くのと実際に組織的な意図になっているのとは大きなギャップがある。例えば今回の事例にもあったような、皆で一斉にイノベーションへの取り組みをサポートするといったような動きを創り出すことができるのは、イノベーター自身というよりもガーディアンの役割を果たしている「経営リーダー」(たち)である。実際の組織的な意図を創り出しそれを支えるのがリーダーの役割であり、いわばその舞台の上でイノベーションに取り組むのが企業内イノベーターである。

第5章
企業内イノベーター・プラットフォームを造る

以上述べてきた要点を、企業内イノベーターのライフステージに重ねると、図表17のようになる。これを「企業内イノベーター・プラットフォーム」と名付けておきたい。

通常プラットフォームとは、参加や情報の流れが原則としては「出入り自由」であり、それがゆえに拡張性が備わっているような場を表す。

したがって、ここで示すような一企業のなかだけで作る仕組みとして提案しているものをプラットフォームと名付けることには、やや躊躇がある（Moazed and Johnson：2016、立本：2017など）。それでもプラットフォームと名付けたのには、いくつかの理由がある。

まず、この流れに乗せて育成する人材は、企業のなかでも分野を選ばないと考えられるからだ。今回の調査対象者がそうであるように、研究者からマーケティングや事業・経営企画の分野の人材にいたるまで、イノベーターとしての覚醒を促し企業内イノベーションに挑戦する人材を育てる共通の枠組みとして設計してある。

また、すぐに気づくように、この仕組みは全社的なものであり、経営トップも（特にライフステージの後半において）非常に重要な役割を果たすからだ。このプラットフォームを造ろうとすれば、人

図表 17 【企業内イノベーター・プラットフォーム】の骨格

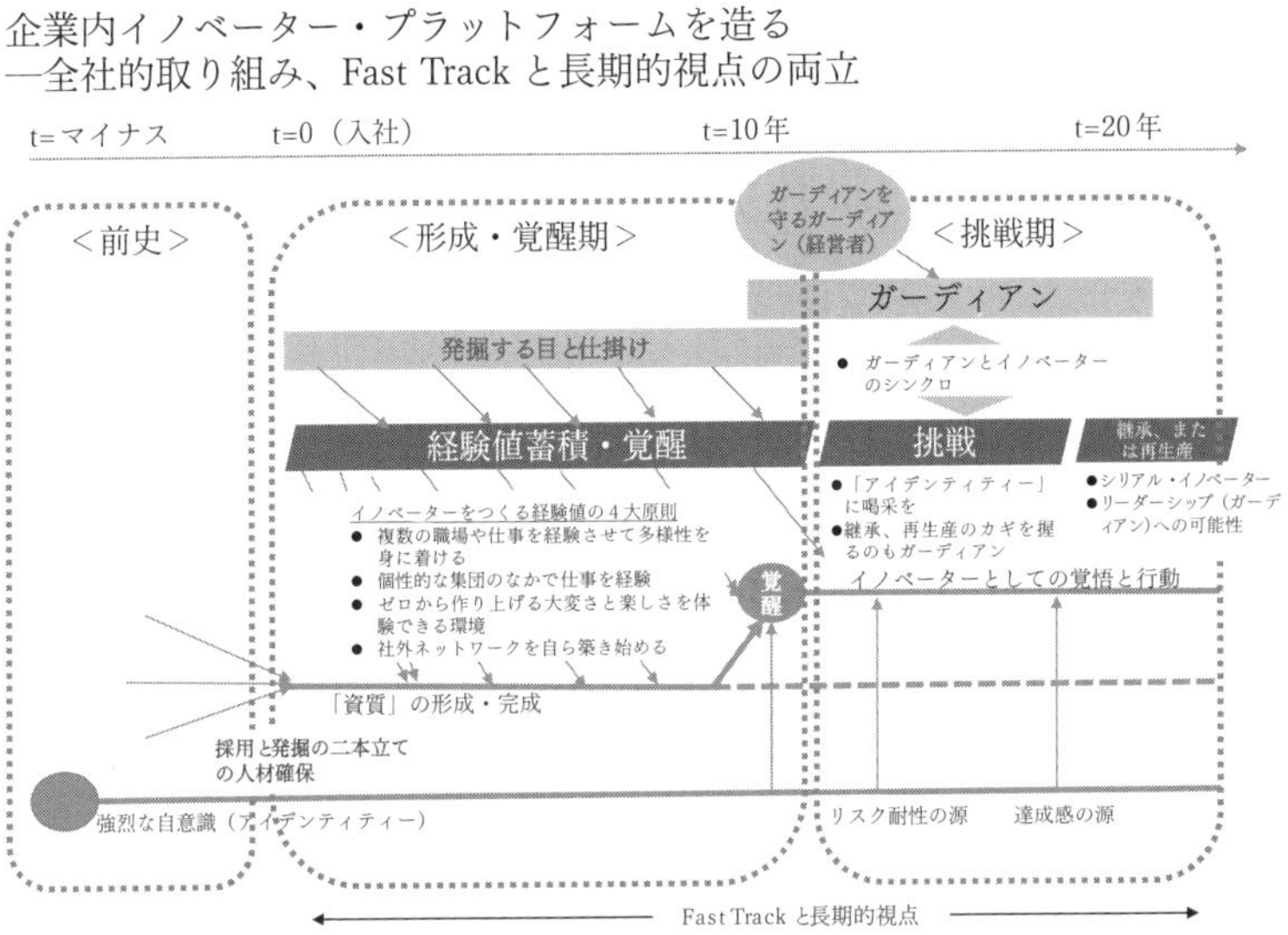

出典） 東京大学大学院経済学研究科イノベーターズ・コンソーシアム調査資料 2020（非公開）をもとに編著者作成

事的な仕組みづくりや配慮は不可欠ではあるものの、それだけではまったく足りない。実際に企業内イノベーターを育てることができるのは「現業」だけだ。

後に触れるように、それをプラットフォームとして整備しているかどうかは別として、こうした企業を挙げての類似の人材再生産の仕組みは、トヨタ自動車やかつてのソニーのように、いくつかの企業では運営されてきた（いる）。後述するように、これは長期雇用を柱とした日本企業の強みを活かすことのできるアプローチの一つだからだ。

例示的ではあるが、企業内イノベーター・プラットフォームの仕組みとしての設計を試みよう。

1　プラットフォームとしての基本機能

企業内の人材再生産プラットフォームとしての基本的な機能は次の通りである。いずれも企業内イノベーター・プラットフォーム独自というよりも、あらゆる人材再生産の仕組みとしても最低限備えておかなければならないものでもある。

人材へのタグ付け

企業内イノベーターとしての「覚醒」を狙う候補人材をこのプラットフォームに登録する。通常のタレントマネジメントの際にも人材をいくつかのカテゴリーに分ける。

多くの場合、カテゴリー化の基準として業績と将来性（伸びしろ）を使っているが、イノベーター人材はこれまで論じてきたような、資質の強弱や経験値の蓄積、本人の準備度合い（Readiness）などによって、人材としてのタグ付けを行う必要がある。

後に整理するが、それをタレントマネジメントの場で行うか、別の場（例えば、「目利き」による評価委員会など）をつくるかなどは企業の事情にとって選択の余地があるだろう。

ライブラリーとしての機能

このプラットフォーム上にある人材に対しての育成機能の一つとして、組織としてのイノベーションライブラリー機能がある。それまでの、その企業の挑戦の具体的記録が蓄積されていることが重要である。そうすることで、プラットフォームが、イノベーターをとりまく経験者やメンターへのアクセス、つまり当該企業におけるイノベーションの「Know Who」をプラットフォーム上の人材に提供できるようにしたい。もちろん、これらの記録や記憶を共有するきっかけづくりとして、インフォーマルな集まりやトレーニングの機会提供による人材の相互刺激と社内外ネットワーク構築のサポートも提供したい。多くの企業には、新製品の発表会や技術展示会などの全社的機会も設けられている。こうした機会を企業全体として体系的に整えるだけでも、効果が期待できるだろう。

人材の流動性の促進

このプラットフォームへの入場と退場は柔軟にする。いったん入場するとあたかもイノベーションのエリートコースでエスカレーター（エレベーター）に乗れたかのように誤解されることは、避けなければならない。

キャリアを通じて常に評価の機会（ゲート）を設け、人材へのタグ付けですでに論じたような評価を繰り返す。そうした機会を通じて、人材として伸び悩んでいたり、イノベーターとして「失速」したりするような事態があれば、このプラットフォームから退場させる。逆に、これまで見逃していたような新たな有望人材があれば組み入れるといった、人材の流動性を促進する機能も持ちたい。もちろん、社外からの新たな人材の獲得もそのなかに含まれる。

2 「入場」

このプラットフォームに人材を「乗せる」判断を誰が、いつ、どのような基準とプロセスで行うかを設計する必要がある。

基準としては、これまで述べてきた企業内イノベーターとしての資質を備えていることを見極めることができた人材に限ることだ。入場のルートは、通常時には優先順位の高い方から、①「目利き」による推薦（発掘）、②評価色を強めた企業内研修（後述）、③合目的的キャリア採用、④新卒採用だろう。これらに後に述べる他社買収などによる、⑤他企業からの人材獲得を加えると、主に5ルートということになる。

「目利き」による推薦（発掘）について

現実的にはこのルートの整備を優先すべきであろう。誰が目利きになりうるかは、企業や環境によって変わるかもしれない。実際、今回の調査についても、目利きに相当する人物が特定できるものに限ってみても、トップ、人事担当役員、（事業）部門長、またその組み合わせ、とまちまちである。企業組織は機械ではないので、何事においても変化が常態ではある。また、目利きは一人とは限らない。企業のなかに複数の目利きがいるほうがむしろ望ましい。

とはいえ、「目利き」となりうる共通の条件がいくつかあるだろう。人材の配属や異動に対して影響力を持っていなければならない点は自明である。また、企業が必要とする人材はこうしたイノベーター候補人材ばかりではないので、企業あるいは事業部門の人材のポートフォリオ的な全体像をつかむことができることが望ましい。

加えて、目利きの人間は対象となる人材を10年単位で知り、熟知してゆくことができなければならない。今回の調査でも明らかなように、企業内イノベーターとして力を発揮するためには、社内の統合という役割を果たすことが求められることから、彼・彼女は一定の社内的な信頼を築けなければならない。また、「覚醒」のための既述の4つの経験をするためにも一定の年数が必要である。したがって、その人物の社内における軌跡を追えることが重要となる。

すでにかなり「変わり者」であるイノベーター候補人材を拾い上げる過程では、対象となる人物との一定の信頼関係を築くことが望ましいことから、こうした人材に対する共感力が求められる。共感を築くことを求めると、やはり目利きは相当に懐の深い人物でなければ務まらないだろう。

企業内研修の役割

次に企業のなかでの発掘のチャネルとして、「目利き」に準ずるものとして考慮したいのが、いわゆる企業内研修だ。企業内研修は各社とも体系化し、層別研修やスキル別研修、そして選抜研修などを充実させている。その多くは学びを中心に据えたものである。今後は、こうした日本企業の独特の企業内研修体系に、人材の適性判断や定期的な成長過程の評価（ゲート）の要素をより強く導入するのである。

売り上げ2兆円以上を誇り世界一の事業を展開するある巨大製造業では、選抜研修を実施する際に併せて参加者の個人別のプロファイリングを行っている。

同社では、将来の幹部養成のために選抜型研修を20年近く継続している。研修参加者の平均年齢は約40歳で、プラスマイナス2歳程度のばらつきである。15人ほどの参加者を足掛け8ヵ月の長期の企業内研修に参加させ、研修の課題に対応する際の発言や行動、提言内容などをもとに個人別に将来の経営リーダーとしての可能性について、かなり精密なプロファイリングを行っている。

このプロファイルは人事部門と事業部門との間で研修後の配属や異動についての検討に利用されており、本人にとっても会社にとってもより適した成長と活躍に活かされてきた。

また、別のグローバル展開を強烈に推し進めている日本企業では、かねてより同様の選抜型研修とプロファイリングを行ってきたが、近年はそうした適性や可能性の見極めのタイミングをもっと若手（30代前半）に振って研修を組み立て、その後のキャリアデザインにより長期的な視点で活かしている。

これらの研修では、各部門からの推薦をもとに参加者が決まってくるものであり、現時点ではイノベーター候補人材ではなく、主に将来の経営リーダーとしての基準をもって人材の「発掘」を意図したものである。が、より広範囲な企業内研修に、より精密なプロファイリングや評価のなかからの選抜といった要素を色濃く持たせることで、「目利き」としての役割の一部を果たさせることも期待できるだろう。

採用による人材確保について

すでに論じたように、新卒一括採用の枠組みのなかでイノベーター人材を見つけ出してゆくのは、簡単ではない。採用基準、プロセスともに変えていかなければならないからだ。企業の採用担当部署としては、例えば、毎年5％なり10％なりの学生を「別枠」としてイノベーターを意識した基準とそれにもとづいたスクリーニングのプロセスを用意できるだろう。

それ自体は、毎年数多くのエントリーシートやテスト、面接などを取り扱い、その技術的水準も急速に高まっている現状を考えれば、企業としてその気にさえなればそう難しいこととも思えない。ただ、仮にそうしたハイブリッド型の採用ができたとしても、採用後配属する部署が見当たらないという悲劇もある。

常識的に、「変わり者」でしかも将来的にイノベーターとしてモノになるかどうかもわからない若者を進んで部下に欲しがるミドルは多くないだろう。したがって、キャリアデザインとの一貫性が重要になる。

すでに指摘したように、そもそも母集団としてイノベーター型の人材が興味を持ってくれないという傾向も看過できない。こうした資質を持っていそうな人材を新卒、キャリア採用を併せて毎年一定割合継続的に確保し、活躍の場を与えているという実績をしっかりと採用の母集団に伝えてゆかない限り、人材獲得活動でイノベーター人材を継続的に惹きつけ確保するのには限界があると言えそうだ。

例えば、ある著名な機械メーカーは、今後の事業展開にはいわゆるハコ売りではなく、ICTの活用による顧客の課題解決、対応力がカギを握ることを痛感していた。したがって、ここでいうハイブリッド型の採用を進めていたのではあるが、やはり母集団として自社を向いてくれている学生の人数が足りないことに気が付いた。

そこで、自社がこうしたイノベーター型の人材を求めていることを訴求するためにハッカソンなどの集まりを積極的に支援したり、ベンチャーとの交流を意識的に増やしたりするなどして、学生の間での自社に対する認識を変えてゆく努力を進めている。

また、他の企業でも、学生や若い研究者向けに独自に研究のファンドを設定したり、国内外のアクセルレイターなどと協働でプロジェクトを仕掛けたりといった活動も見られるようになってきた。

こうした活動を通じて、少なくとも「入口」があることを見せ続けることは、大企業にとって人材確保の重要な第一歩となるだろう。

3　キャリアデザイン

資質や自意識の強さなどによって発掘、あるいは採用できたとして、次にはそうした人材の「覚醒」を促す経験値を蓄積するキャリアデザインとそれにもとづいた配属、異動を進めなくてはならない。

こうした経験値の共通原則は次の4つであった。

- 複数の職場や仕事を経験させて多様性を身に付ける
- 個性的な集団のなかで仕事をする経験
- ゼロから作り上げる大変さと楽しさの両方を体験できる仕事や環境
- 社外ネットワークを自ら築き始める

これら4つの条件のすべてを満たすキャリアデザインは、どうすれば可能であろうか。具体的にどの部署がこれらの条件に当てはまるかは、企業によってまた事業環境によって異なるだろう。したがって、ここで部署としての一般化をすることはあまり意味がないだろう。

ただ、これまでの調査から、経験値の蓄積のチャンスを与える場合の傾向として、次のようないくつかの軸の両方を経験させていることは言えそうである。これらの軸はお互いに重複したり、どちらか一方に入れ子のように含まれていたりすることもある。

〈周辺と本流〉

主役を務めてきたイノベーターの多くは、本流と考えられている部署とはちがう「周辺」の部署に一度は配属されている。どこをもって本流とするかは企業によって異なるし、時代とともに変化するので、本流という概念そのものは少し怪しいものではある。それでも企業に勤める人間にとって、自社の時代を形作る花形部署とそうでない部署の違いはわかる。例えば、業務用事業が本流であり家庭用事業が周辺、研究所が本流であり合弁先は周辺、先進国市場が本流で新興国市場が周辺などである。

一般的には、周辺と考える部署に配属されればモチベーションは下がる。ただ、実は新しいものをゼロから作り上げる客観的なチャンスは周辺の方が多い。多くの場合、本流は確立した思考パターン、プロトコールがあり、仕事はそれに従って進めることが多いからだ。

この周辺に置かれた時期をどう活かすかで差がつく。周辺部署であるがゆえに発想を自由にして皆でこれまでにないことをやってみよう、となるか、あるいは、どうせ周辺なのだからほどほどにやっておけばよいだろう、となるかである。

イノベーターたちの多くは前者である。だからこそ、大変さと同時に楽しさを感じることができる権利を得るのである。以前より、変革は周辺よりやってくるなどと言われてきたが、企業内イノベーターも前述のような意味ではそれと軌を一にしているのではないだろうか。

〈現場とコーポレート〉

あらゆる現場は、個別事象を理解するうえでの最上の教師である。現場にいくほど事象の抽象度は低くなり、具体性や個別性での判断が要求されてくる。対照的に、経営的判断に近づけば抽象度は増す。創造性を育むのは抽象と具体性の往復であるので、このスペクトラムで言えば、この両軸での経験値が有効となる。

特にイノベーションが組織の力を動員する活動であるほど、抽象的な思考や議論ができて、かつ具体的な価値創造のストーリーが語れる必要がある。これは企業経営そのものに通じるものもある。ある大企業経営者の言葉を借りれば、「企業経営者は自分の直感にかける勇気が必要。ただし、現場感覚のない直感は単なる思いつきで非常に危険」。

日本企業では企業内イノベーターの主役は40代が多かった。例えば、トヨタ自動車で新しい車を創り出す責任者を意味するチーフエンジニア制度のもとでは、車の企画をやりたいという若者でもまずはきわめて具体的な部品を担当させる。この間にチーフエンジニアなどが見込みのある人材に目をつけておき、30代の前半に次のステップに進めそうな人材を見いだしてゆくという。

この背後には、様々な部署と交渉し抽象度の高い新しい車のコンセプトに向けて社内を統合する役割は20代の「新米」では務まらない。まずは部品レベル、つまり具体性のレベルで10年くらいの経験を積まないと社内の信頼を築けないという考えもあるようだ。「すり合わせ」を強みとする日本の製造業の多くで主役が40代となっていることには、十分理由があると言えそうだ（藤本：2017ほか）。

〈顧客（チャネル含む）とサプライサイド〉

顧客に教えられた、という言葉は決まり文句のように繰り返される。企業内イノベーターにとっても、顧客は自分の全霊を賭して新しいものを創造するエネルギー源となる。

もちろん、ここでの顧客はその企業にとっての顧客であり、必ずしも個人消費者を指すわけではない。例えば、農業や漁業への従事者であったり、自社の製品を売ってくれる流通チャネルの人々であったりする。自分が創るものはそうした顧客に価値を提供するものでありたいという、自分の活動が生む価値の具体的イメージがここで養われている。

自分が創るものとは、例えば、新しいマーケティングのアプローチであったり、新しい販売方法であったり、新しい事業形態であったりする。こうしたサプライ側の視点と顧客からの視点の両方を満足させることが実感できたときに、イノベーターとしてのエネルギーは増幅される。

こうしてこれら3つの軸に沿って、自社の業務を分析し、そのなかから軸の両方を経験して4つの原則をすべて期待できるようなキャリアを構想してみてはどうだろうか。

誰がどうやって異動させるか

次にどうやってこのキャリアに沿って異動させるかである。プランに沿った異動というのは、どの企業でも悩ましいものだろう。特にエース級といわれる人材を異動させようとすると現所属部署の激しい抵抗にあうというのが、お決まりのパターンだ。いわゆる囲い込み人事である。そこで、企業によっては上位のリーダー候補の数百人はコーポレート人材とし、現場の人事権を制限するなどの措置をとっている。

イノベーション人材についてはどうだろう。経営リーダーに要求される資質や経験値とイノベーター人材のそれらとは必ずしも一致していないことは、すでに指摘した。実際のところ今回の調査でも、多くは活躍のステージに至るまでに複数の部署を比較的短期間で経験してきている。つまり、イノベーター候補人材に関しては「覚醒」前の段階では、特定の部署が囲い込むという事態に至る恐れは相対的には薄いと考えてもよいだろう。

むしろ心配なのは、誰が異動の場とタイミングを決めるかといった点だろう。例えば、意にそぐわなかった配属でモチベーションが下がっただけのタイミングで別の部署に異動させるのは、必ずしも有効な経験値に結びつかない。また、同じ部署に長く留まりすぎて４つの条件を満たすような軸での経験を積むのに必要以上に長期間を要するようでは、企業内イノベーターとしての「旬」の時期を逃す恐れも出てくる。

事実上の異動の権限を人事部門が握るのか、事業あるいは機能部門が握るのかは、どの企業でも直面する課題である。今回の調査でも何人かの人物が指摘しているように、また４つの条件のなかにすでに包含されているように、イノベーターとしての成長のためには境界を越える経験と能力を積んでゆくことが極めて重要である。それを企業内イノベーターとしては異動という形で実現してゆくのであるから、境界をまたぐ権限を行使できる主体が異動の内容とタイミングを決めることが、不可欠である。

境界を越える経験がどんどん減ってゆく、いわゆるサイロ化が大企業病の一つとして長期的に企業の成長力を削いでゆくことはよく言われることであるが、サイロ化がイノベーターの覚醒と成長を阻害する要因ともなっているからでもある。

より多様化した「場」を作ってゆくアプローチ

実際に頻繁な部署の異動を前提としなくても、企業という「場」そのものをより多様化して異動による体験に近づけるあるいは促進しようとするアプローチもある。

一つには、一人ひとりの仕事上の多様性を促進するアプローチである。古くは、3Mの15%ルールやグーグルの20%ルールのように一定の時間割合を自分が与えられた職務以外の仕事にあてるといった形である。この「自分の」時間は、社内で進んでいるもしくは始まるプロジェクトのうちで自分が強い興味を持つものに参加することによって自分の発想力のなかに多様性を吹き込んだり、創造する楽しさを味わったりする役割が期待される。

もちろん、このアプローチが機能するためにはいくつもの組織的、文化的条件があることは、すぐにわかる。したがって、誰でもできるアプローチではない。そうした条件を満たす組織文化を作ること自体が、本質的な企業内イノベーションを促進する要件の一つでもある。

発想の多様性を吹き込んだり新たなものを作り上げたりする楽しさを味わうといった類似の狙いを持たせた試みとして、花王をはじめ国内の多くの企業の研究所が取り組むように、研究テーマと事業をマトリクスにした組織再編をしている企業も増えてきた。

また、富士フイルムのオープンイノベーションハブやパナソニックコネクティッドソリューションズ社のように、自社の技術を積極的に開示、展示してゆくことで顧客との「協創」を新たなイノベーションへの取り組みプロセスとして構築する企業も、ここ数年で急速に増えてきた。

さらには、武田薬品工業のようにトップ経営陣のうちの8割ほどが「外国人」でありかつその国籍も多様であるような組織へと変貌し、異動を最小限にしたとしても普段の仕事の環境そのものでこれらの4つの条件のうちのいくつかを達成しそうな日本企業もある。

こうしたアプローチの積み重ねで企業全体を多様性に満ちた場としてゆくチャレンジは、始まったばかりである。

4 「舞台設定」

このステージは「4枚のカード」を揃えることがすべての基本となる。ただ、そうは言っても、イノベーションの難しいところの一つは、新しいアイデアを誰がどこからもたらすか、イノベーションプロジェクトがいつ起動するか、成功するか失敗するかなどはまったく予測できない点だ。

その予測可能性の低さに対応するために、「4枚のカード」を舞台装置としてあらかじめ「常設」しておくアプローチをとっている企業もある。

かつてのソニーは、その「アングラ研究」的アプローチで知られていた。研究者が「机の下で」行う非公式な研究を、研究者の「大物」がガーディアンとして保護することで、多くのソニーらしいイノベーションと製品事業が結果的に生まれてきたとされる。つまり、ガーディアンも含め4枚のカードが常に用意されていたわけだ。これは、いわば当時のソニーの「DNA」として創業以来の組織能力としてビルトインされていたと言えそうだ。

最近では、多くの企業でこうしたアングラ研究アプローチの「効率性」を問題視することが多く、残念ながら、このタイプの舞台設定を見つけるのはだんだん難しくなっている。

オムロンでは、「イノベーション推進本部」を設け、本社（京都）から離れたロケーション（東京・品川）に活動の中心を移したうえで、CTO（Chief Technology Officer）がいわばガーディアンに相当する役割を担っているという。そして、その推進本部と現業部門との人材の循環を創り出しつつ、新しいアイデアの発見のプロジェクトとそこからのイノベーションプロジェクトの組成、さらには人材の育成を狙うアプローチに挑んでいる企業も出てきた。

海外企業では、ドイツのSAP社がクラウドベースの新事業を打ち立てるためにシリコンバレーに拠点を設け、ドイツ本社と経営も経営資源も分離して、まったく新しい舞台設定のもと見事に新事業を育て上げ、ERP（Enterprise Resource Planning）などの本業とほぼ同じ規模の事業にまで成長させた実績が知られている。

このような、常設の舞台設定は、確かにある具体的イノベーションを推進する仕組みとしては有効に働くかもしれないが、果たしてイノベーター育成のプラットフォームとして十分機能するかどうかは気になるところである。

前節で述べた4つの条件すべてを満たすような経験値の積み上げまでをその常設舞台に期待することには、無理がありそうだ。そこまで多様な仕事をその舞台自体が提供することは困難だからだ。したがって、そうした舞台（あるいは部門）は、すでに（どこか別のところで）「覚醒した」人材を確保し続ける必要がある。

継続的にそうした人材を確保しようとすれば、人材の社内外の流動性を相当高める、つまり、自社という境界線を軽々と越えてゆくような経験値の積ませ方、もしくは人材の社外からの大量の迎え入れを前提としない限り難しいだろう。

先に挙げた武田薬品工業のアプローチやSAP社のシリコンバレーでの新事業での継続的イノベーションの展開は、この点がカギを握っていると考えられる。仮に日本企業が日本国内だけの限定的な「場」の展開をイメージした場合には、その規模感やダイナミックさでこうした事例に比して差をつけられてしまうかもしれない。

もう一つ多くの製造業でとられている舞台設定アプローチが、コーポレートプロジェクトとしての舞台設定であろう。今回の調査でも、ほぼ半分の事例でとられたのが、このアプローチであった。

これは特定の個人が新しいアイデアを発見したり導入したりするのではあるが、その個人やそのチームが当該イノベーションへの挑戦のために必要とされる経営資源の大きさや質の確保を慎重に見積もり、企業の意思として当該イノベーションに取り組むように社内の舞台設定を進めてゆく。

先に述べた常設の舞台装置とは違い、そのときそのテーマに関しての舞台を多くの部署を巻き込みながら設営してゆくアプローチであり、このやり方が機能するためには全社的とまでは言わないまでも、当該イノベーションに企業として取り組むという経営としての意思決定、表明が必要となる。

例えば、コマツはかつていち早く時代の変化をとらえ、機台単体の性能や品質だけではなくICTを採り入れた顧客へのソリューション提供にまで事業の定義を広げてゆくためのイノベーションに取り組むとして、建設機械にICTを大幅に取り入れるプロジェクトを起動させた。

これは、既存の事業の延長線上と見えなくもないが、製造業がソフトウェアや、その後のプラットフォーム開発を競争力の源泉とする戦略の出発点として、そして、おそらくこのイノベーションがなければコマツそのものの成長も疑問視されたかもしれないという点で、新時代を創るイノベーションだったと言ってもおかしくないだろう。

同様の事例は他の製造業でも見られる。研究所で開発された新しい要素技術を研究所長が拾い上げ、後に主役となる事業側にいる技術者に託し、その技術者が一部の経営リーダーの厚い支援を受けながら10年近くかけてまったく新しい事業を立ち上げるプロジェクトに仕立て上げた事例もある。

こうしたアプローチでは、主役となるべき人物が経営レベルによって指名される、もしくは主役として「裏書き」してもらうことになり、あわせて、ガーディアンや（名）脇役が指名される形で4枚のカードが整えられる。

これら以外にも、主役が自らを主役として位置づけ、4枚のカードを自ら整えてゆく事例もある。ただし、こうした動き方ができるのは、組織としてこうした大胆な動き方に対する相当な許容度がある場合に限られかもしれない。

ガーディアンとのシンクロ

こうして、企業内イノベーターが活動する舞台設定が済むと、主役は社内（外）統合に奔走し、ガーディアンはその動きを注視しながら必要なタイミングで必要な支援を提供する。多くの場合、脇役としてどのような人材を確保できるかがプロジェクトの成否に大きく影響する。というのも、ほとんどの場合、脇役は主役の足りない部分を補強することが主な役割となるからだ。

主役は通常イノベーションプロジェクトをエンドツーエンドで率いるので、そのフェーズごとに脇役に求める専門性が異なる。そして、プロジェクトは多くの困難に直面しながら進行する。この過程で起こりうることはまさに個別性が高く、一般化したフレームワークで語ることはほぼ不可能であろう。

が、その一連の奮闘の間にガーディアンとしては、イノベーターとの人間的信頼関係を構築したい。信頼関係には職業人としての信頼関係と一個人（人間）としての信頼関係といった2種類のものがあり、その両方を築けるのが理想的である。そのためには、単なる仕事上の交流を超えた交流が必要となろう。どちらか片方だけの場合に比べ、両方が備わった場合では情報の流れのスピードやタイミングがより望ましいレベルに近づくとされている（Blanding：2012）。

ガーディアンとしては、決して扱いやすいとは言えない人物ではあるものの、企業内イノベーターの強烈な自意識にもとづく認知欲求をよく理解し、たしかに「変わり者」かもしれないがそうした個性や強力なアイデンティティーに喝采をおくることを忘れずにいたい。おそらくそうすることが、この2種類の信頼関係を構築する早道だろう。

あるイノベーターは、彼の「ガーディアン」と会食した際に「『あんたの言うことはようわからん』と言われるんだよ」と嬉しそうに語っていた。そうした二人の信頼関係の強さを感じさせる会話ができるようになれるとうらやましい。

5　次世代へのつなぎ

プラットフォームとしての最後の重要な機能は、プラットフォーム自体の継続性の維持である。つまり、これまでみてきた企業内イノベーターを再生産するサイクルが繰り返されるようにすることである。

現実的には、多くの製造業で歴史的な名製品を作ったような人たちはやがて会社を去っていってしまったということを聞く。彼らは「協調性がない人たち」と片づけられることが多いようだ。実際、あちらこちらで人間関係を壊しながらプロジェクトを進めていたのだろう。

今回の物語の登場人物も、その過程においては多くの「ハレーション」を起こしてきたと振り返る。それゆえ、一つの大きなプロジェクトを完遂するとその後組織のなかに留まっていくことに強い抵抗を覚えるようになったとしてもおかしくはない。

彼らには、その企業に留まる理由が必要なのだ。だが、こうした企業内イノベーションの「猛者」たちにとってその企業に留まる理由はそう多くはない。それは新たな挑戦と認知の繰り返しだ。その観点から、企業内イノベーターのシニアキャリアとして次の4つを検討してみてはどうだろうか。

〈シリアルイノベーター〉

イノベーターのエネルギーは多くの場合、尋常ではない。それまでにないものを作り上げる楽しさと、自分の世界観が認められてゆく快感は捨てがたい。彼らにとって最も自然なシニアキャリアは、シリアルイノベーターであろう。次から次へ新しいイノベーションプロジェクトに挑戦してゆくのである。

ガーディアンは、彼らが求めているものや彼らのなかでの一貫性を十分に理解して、彼らに賛辞とふさわしい報酬を送りたい。今後は社外との連携の機会も増えてくるだろう。彼らはときとして他社との合弁会社の経営者となっていくかもしれない。

〈ガーディアン〉

割合としては少ないかもしれないが、イノベーターのなかにも企業の経営リーダーとして開花しうる人材はいる。実際、自ら変わり者と言いながらも、大企業の副社長や社長を務めあげた人物もいる。こうした事例では、イノベーション活動で実績を示した当時に積み上げられたトップとの信頼関係がイノベーターと彼の所属する企業との絆として機能している場合が多い。

こうした人物は、経営陣の一角を占めるとともに次世代のガーディアンとしても活躍できる可能性を持っている。

〈エグゼクティブメンター〉

イノベーターが強力であるほど、極めて個別性が強く再現性は限られる。だが、彼らのなかにも、シリコンバレーなどでも活躍しているようなイノベーション活動に携わる人材に対するアドバイザーとして力量を発揮するものもいるだろう。優れた若いイノベーターは人からの介入を極端に嫌う傾向があるとはいえ、相談したいことがないわけではない。シニアのネットワークも含め、実績のある大物であれば聞く耳を持つだろう。

例えば、主役として突っ走る人は自分のコンセプトで引っ張っていくため他部門と喧嘩になるが、それを収めていたイノベーションチーム内の人物が主役代行のような役割として活躍する事例もありそうだ。おそらくそういう人たちを次の主役級に育ててゆくうえでは、主役以上の大物のメンター、アドバイザーの存在が有効だろう。

〈**「目利き」**〉

このプラットフォームで活躍する人物の種類はそう多くない。そのなかでも人材育成上カギを握るのは「目利き」である。企業内イノベーターを「覚醒」させるうえでカギを握る人物である。この目利きは、相当の経験者でなければ務まらないかもしれない。企業によっては、目利きによる委員会を設立し、それをプラットフォームの運営主体とするアプローチをとるところもあるだろう。

もちろん、これらのシニアキャリアはどれか一つを選ぶというものではない。また、イノベーター側にも相当な変化を求めるものだ。イノベーターが全員何らかのシニアキャリアにふさわしいとも限らないことは、言うまでもない。

第6章 ソトとつながる——イノベーションエコシステムとの接続

大物企業内イノベーターに共通する特徴として、若いころから自分の弱点を補ったり学びを深めたりするために社外のネットワークの構築を進め、それを有効に活用していることがわかった。大企業では多くの人材が入社数年もすると自分の企業グループの「ウチ」にしか目が向かなくなるのに比べると、企業内イノベーターの、企業の「ソト」にも有益な情報源を築く開放系の情報連鎖は出色である。

他方、先に述べたように、日本の企業内イノベーターの課題として、ICTをテコとした海外のイノベーション人脈を中心とした「ソト」とのつながりの弱さが指摘されている。課題として指摘されたソトとは、具体的には何を指しているのだろうか。

今日的なイノベーションに起業家精神の持ち主の間のグローバルなネットワークが重要な役割を果たしていることは、よく指摘されている。大学や研究機関の研究者から始まり、起業家、ベンチャーキャピタリスト、アクセラレイター、コンサルタントなどがこれに含まれる。

こうしたプレーヤーの間の有機的つながりをイノベーションエコシステムと呼ぶことも多い。特に今日的なデジタルテクノロジーをその技術的、構想的基盤としたイノベーションにおいては、このエコシステムが重要な役割を果たしてきた。

また、こうしたつながりが地域的な集中（典型的にはシリコンバレー）と重なることがあるのも特徴で、それゆえにそこでの人脈の広がりや深さをテコにしてスピードやクリエイティブな思考、あるいは構想と技術の連携を強めることなどに貢献していると考えられている（Saxenian and AnnaLee：1996 ほか）。

日本企業がこうしたグローバルなエコシステムの中核部分（インナーサークル）に食い込めていないことは20～30年も前から指摘されているし、いまだに状況はそう大きく進歩していないようだ。

今回指摘されている「ソト」は、地球規模で展開されているデジタルテクノロジーを基盤としたこのイノベーションエコシステムに参画できていないために、その人脈や力を利用できていない点を指摘されていると解釈すべきであろう。つまり、ソトとつながっていないのは、企業内イノベーターたちの課題であると同時に多くの日本企業そのものの課題でもある。

では、こうした今日的なイノベーションのアプローチが展開されている環境のなかで日本企業、特に製造業が抱えている課題とはどのようなものだろう。そして、それらの課題の解決に向けてどのような対応をしてゆけばよいのだろうか。この切り口で、これからの企業内イノベーターのソトとのつながり方のヒントを探ってみよう。

図表 18　日本企業のイノベーション・プロセスの一般的弱点

日本企業におけるイノベーションの課題をプロセスの視点で整理すると、「バックキャストループの弱さ」「人材供給（不足）」「呪縛」「閉塞」か

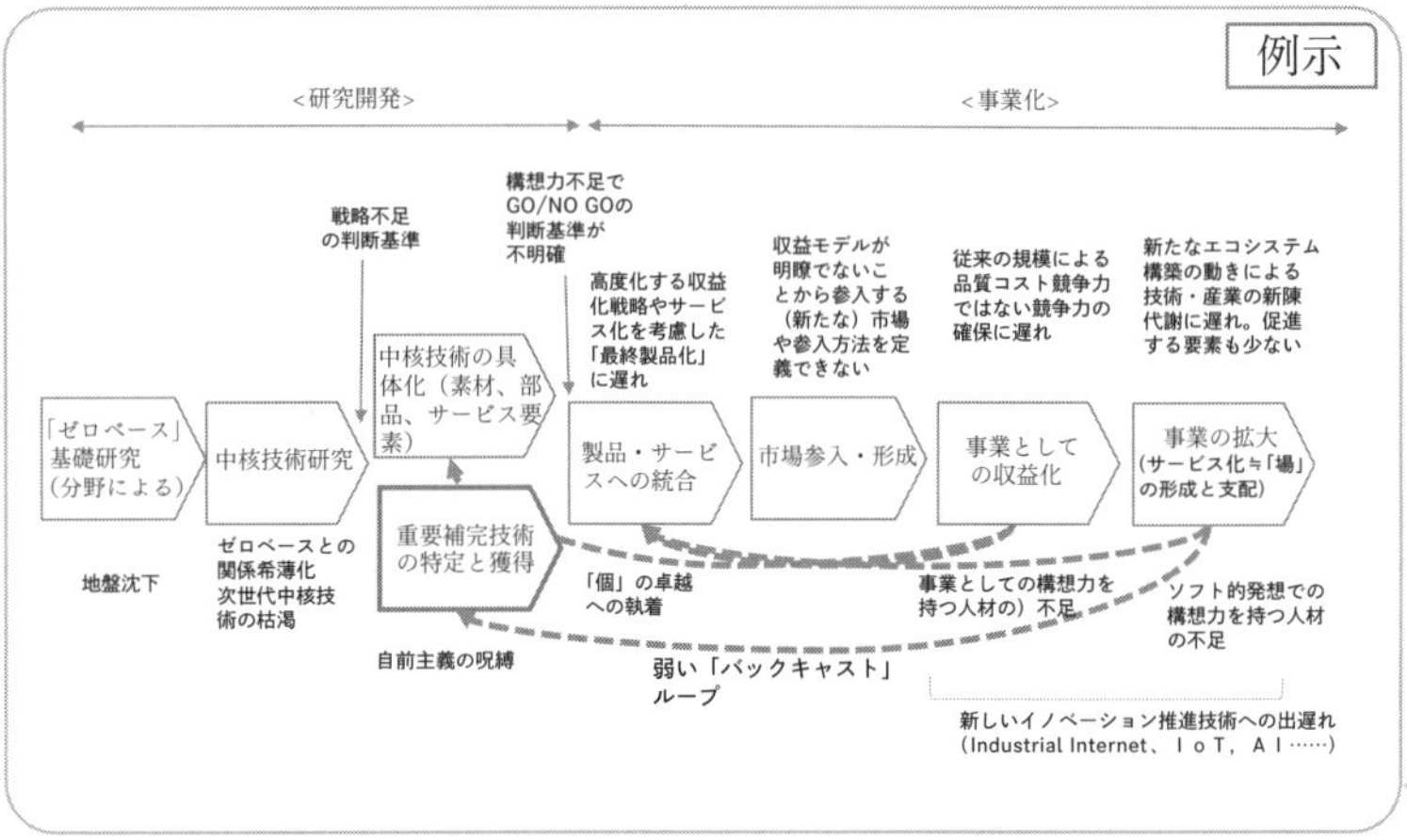

出典）　編著者作成

1　日本の製造業企業のイノベーション・プロセスの課題は何か

図表18は、製造業のイノベーション・プロセスに沿って、日本企業に一般的に見られる弱点を抜きだしたものである（もちろん、個々の弱点の強弱は企業によって異なるであろうし、これら以外の要素が重要な企業もあるだろう）。

技術力に自信を持つ日本企業では、これまでのイノベーション・プロセスは図表18の、向かって左から右へと流れてゆくリニアなものが多かった。それが現在は、事業としての構想を出発点として必要技術を特定してゆくという逆のループがより重要な役割を果たすようになっている（図の中の点線で示した流れ）。だが、どうやらこのループをつくることは、日本企業にとって苦手なアプローチの

図表19　イノベーションエコシステムとの接続の選択肢

エコシステムとつながるための選択肢は少なくはない

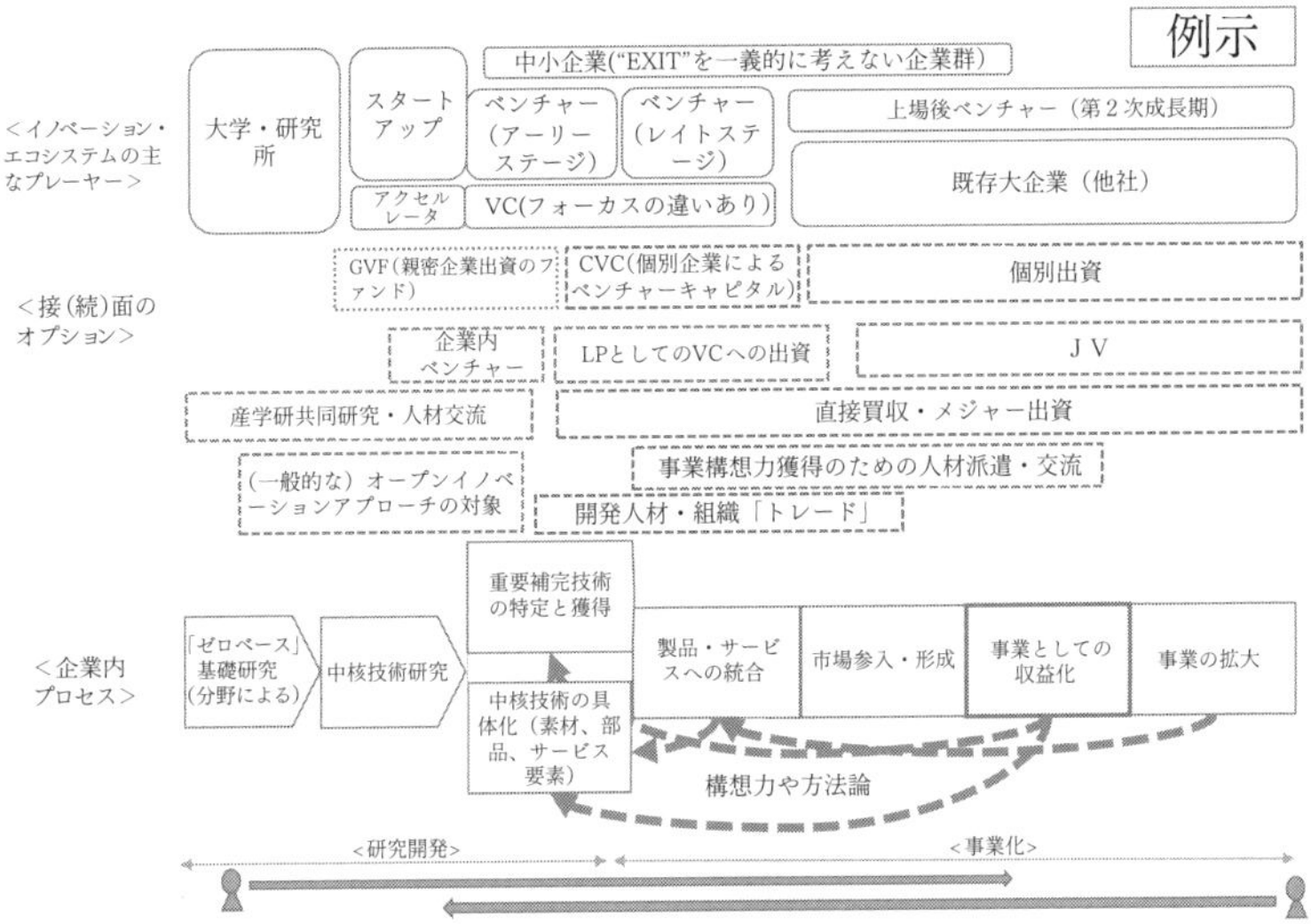

出典）　編著者作成

ようだ。技術開発の自前主義が強すぎたり、技術開発偏重の組織風土であったり、逆ループの重要性が頭ではわかっていたとしても、実際にそれができる人材あるいは組織がかなり限られていたりするためである。

したがって、イノベーション・プロセスから見たときには、このループをつくり上げることがこれからの企業内イノベーターが果たすべき重要な役割ではないだろうか。実際、今回取り上げている大物イノベーターの方々の多くも、まさにこれをやって見せた。

イノベーションエコシステムとつながるためにはどのような選択肢があるだろうか。まず、イノベーションエコシステムの主なプレーヤーと図表19に示した企業内プロセスを並べ、その間をつなぐ具体的な対応策の主な選択肢にどのようなものがあるかを整理してみよう（原山、氏家、出川：２００９ほか）。

この図表でまとめたつながり方の選択肢では、例えば、産学連携はこのプロセスの上流部分の弱点を補うことが期待される。また、ＣＶＣ（Corporate Venture Capital）などによる資金、人材の提供も、潜在的にはベンチャービジネスとの密接な交流を通じて、ループをつくるための方法論やネットワークの共有を進めることで事業構想からバックキャストで必要技術やその調達を考える力を強化することが期待される。

オープンイノベーションは、この図のなかでは上流から中流の部分をカバーする接続方法だ。チェスブローがこの概念を確立して以来、インバウンド（外から知財などを受け入れるインライセンシングなど）とアウトバウンド（知財などを切り出して外の企業に提供するアウトライセンシングなど）に分けて考えられており、前者では受け入れる企業の受容能力（Absorptive Capacity）、後者では切り出す企業の脱着能力（Desorptive Capacity）がカギを握るとされている。

いずれも広義での組織能力に由来すると言ってもよいが、この力は企業によって相当のばらつきがある。一般的にはインバウンド・インライセンシングに関わる受容能力は、研究開発の活発な企業ほど高い、つまり、弱い研究開発を量的に補うのではなく、強い研究開発能力を質的に補うのが受容能力であるとされている（Chesbrough：2003）。この図表で言えば、中核技術とそれ以外の重要技術の特定と獲得のステップにあたる。

ただ、多くの日本企業の場合には、構想力を起点としたループの力が弱いことから必要技術の切り分けができないために、活発な研究開発が高い受容能力に結びついていかないというもったいない状況になっていると考えられる。

もちろん、日本企業のなかにもこうした課題に従前から気づき、その克服に取り組んでいる先進的企業も増えつつある。

例えば、ダイキン工業は2年ほど前に東京大学と「産学協創協定」を結んだ。10年間で100億円以上の資金という規模とコミットメントはもとより、これまでよく見られた共同研究・技術開発の枠を大きく超え、ベンチャーとの協業や人材交流・育成まで含めた広範な「協創」関係を構築しようとする画期的なものだ。

また、オープンイノベーションに関しても同社はすでに、テクノロジー・イノベーション・センターを設立し、多様性を重視したチームや非公式組織の活用などによって果敢に挑戦を続けている。

協業する相手を他の既存企業にまで広げて考えたときには、この図表に示したフィードバックループがさらに重要となる。

アップルやファーウェイといったスマートフォンのメーカーが村田製作所やソニーといった日本の大企業、あるいは優れた技術をもった日本の中小企業の技術（部品、部材）を取り入れてきていることはよく知られているが、彼らは次世代のスマートフォンの構想を持ったうえで自社にはない重要技術を入手する（つまりフィードバックループ）ためのエコシステムを構築する。そのなかで、他社との（グローバルな）協業を具体化してきたのである。つまり、構想力が明確で豊かであるほど潜在的なインバウンド受容のための気付きや探索活動が盛んになると言えそうだ。

他方、技術を提供する側（アウトバウンド・アウトライセンシング）の目的は、技術の売却による金銭的利益や技術普及や自社製品市場拡大のために技術をアウトライセンシングする間接的・戦略的動機があるとされる。

これらに加え、エコシステムの構築の視点では、提携相手との一定期間の継続的関係が前提となることから、協業関係を結ぶ当事者間ではウィン・ウィン（Win-Win）の関係を構築する視点が不可欠である。このウィン・ウィンの関係を日本流に表現したものとして「三方良し」（売り手、買い手、そして社会にとって「良い」）の思想が引き合いに出されることがあるが、これもここでいう構想力の柱になりうると言えそうだ。

オープンイノベーションは、こうしてエコシステムに接続してゆくうえでの有力な一手段としてとらえることはできそうではあるが、エコシステム構築に結びつく構想力こそがその出発点になければならない。

オープンイノベーションというプロセス上流から中流部分の活動をより有効なものにするためにも、より「下流」を構成する構想力がカギを握る点を指摘した。その構想力を強化してゆくうえでは、図表19に示した多くの選択肢のなかで、ベンチャーに対して継続的に「出口」を提供する、つまり買収もしくはメジャー出資して「統合」することの繰り返しは、ソトとつながってそこから日本企業の弱点を補強してゆくうえでは、おそらく有望な手段となってゆくだろう。

ベンチャーとして一定程度の成功をおさめ、それを支えたビジネスモデル、経営モデル（の構想）と人材を手に入れることが可能となるからである。

ただし、こうした「出口」の提供には、大企業側（提供側）がその長期的な戦略展開の方向性を示すことができなければならない。思いつきのような「戦術」でやみくもにベンチャーを買収するのでは、かえって社内に混乱をもたらすことになる。5年、場合によっては10年の期間での戦略的方向性を踏まえた判断がその基本になければならないだろう。

実際、ベンチャーレベルのアイデアや技術を統合してゆく、つまり彼らから新しいものを吸収してゆくためには、少なくともそうした期間にわたって投資を続けなければならない。ベンチャーにとっては「出口」だが、大企業にとっては新しい世界への「入口」であることが多い。

例えば、ドイツのシーメンスはデジタルファクトリーの分野で躍進が注目されているが、そうしたソフトを統合する次世代製造業に近づいた動きが可能になっているのも、同社が長期的な戦略展開を構想しつつ、20年以上前から様々な選択肢を試行してきた（いる）その一断面を示している。

2 「ショートカット」とはならない企業買収による人材獲得

この「出口」の提供が、「ショートカット」でイノベーター人材を確保する決め手のように考える向きもあるかもしれない。ただ、世の中はそう単純にはできていない。たしかに、ベンチャーに限らず、日本企業による海外企業の買収はこれまでも何度かの高まりを見せてきたが、今後は人材獲得を主たる目的の一つとして、より強調すべきだろう。

ただ、これにはなお厚い壁がある。先進的な日本企業の多くは、すでに買収を通じて日本人以外の国籍の人材を多く本体の企業活動の中核に組み入れようとしてきている。ところが、彼らを日本企業の組織人事制度のなかに組み入れようとすればするほど、定着率やモチベーションのレベルなどが期待した水準に届かず、結局、意思決定層に近づくほど日本人だけによる企業（部門）経営になってしまうことがよく見られる。

それらの企業では、（日本的組織人事制度に組み入れることの）問題がどこにあるかは十分把握している。それでもその対応策には苦慮するのだ。変えなければならないことが多すぎることから、変えるリスクと変えないリスクを天秤にかけると、どうしても結果的に日本人による経営になり、優秀な外国人人材の流出につながっていってしまう。

たしかに、多くのイノベーター人材を抱えるベンチャー企業の買収もそう珍しいことではなくなってきた。このような場合には、優秀な人材のつなぎとめのためにはさらに多くの努力が求められる。

ある日本のグローバル企業は米国のバイオベンチャー企業を数千億円で買収した。そこの優秀人材をつなぎとめるために、彼らが納得できる世界トップレベルの人材を部門トップに迎える、被買収企業のトップに経営レベルのポジションを付与する、個人別に引き留めの必要性を吟味してリテンションボーナスやトップによる密なコミュニケーションなど行い人材の引き留めを行うなどの努力を重ねている。

そのうえで、社内が若干安定した買収数年後から着実に統合を進めてゆくために、人事上の評価基準のグローバルな一貫性の確保、ベンチャーと大企業の違いを象徴してきた報酬構造の統一（ハーモナイゼーションと呼ぶ）などに多くの時間をかけて検討を進めた。これらは、日本的な組織運営の

「常識」にも大きなインパクトを与えたことは言うまでもない。

こうした人材獲得・確保のためにどれほどの変革努力が必要となるかは、誰がその企業や事業、機能（研究開発、販売、マーケティングなど）のコアコンピタンスを担っているかの判断によるところが大きい。例えば、自動車企業の生産（技術・管理）部門のようにほぼ完全に日本人がコアコンピタンスを担っているようなところで、人事制度などの既存の組織運営を変えてまで外国人人材を多く経営層に据える必要はないだろう。

他方、製薬業界のように、バイオテクノロジーをこれからの製薬会社のコアコンピタンスだと考える企業にとっては、世界レベルのコアコンピタンス（バイオテクノロジー）の獲得のためには、当該分野で世界をリードしている米国の研究者・科学者ネットワークにしっかりと食い込んでゆく必要があり、そこでいたずらに日本人や日本的な組織運営にこだわることはむしろリスクとなってしまう。

3　ここでもガーディアンの存在がカギを握る

こうして、インテグレーションを伴うソトとのつながりを深めるのはそう簡単にはいかない。彼らはいわゆる起業家精神（Entrepreneurship）の塊であり、それと対話しながらインテグレーションを進めてゆくためには、大企業側も起業家精神を備えた人材が中心とならなければならない。残念ながら、大企業では通常、起業家精神を備えている人材はかなりの少数派だ。インテグレーションを効果的にリードできる人材はかなり限られるのが、現実だろう。

この点で、規模の大きいインテグレーションほど「ガーディアン」が不可欠となる。このガーディアンは異なったカルチャーやプロセスを理解し、橋渡しできるような経営レベルの人材である。こうした、ソトのネットワークとウチのネットワークを橋渡しできるような能力を、境界拡張能力(Boundary Spanning Capacity)と呼ぶことがある。

従来のリーダーシップ論の多くでは、比較的価値観などに共通の要素が多い自社の(自部門の)ネットワークのなかの統合力を強めることが強調されてきたが、これからは、こうした異なった(「ソト」の)ネットワークや価値観を結びつけることができるリーダーシップにもっと光を当てるべきだろう。

こうした能力は、「ソト」との結びつきだけではなく、組織内の「サイロ」を乗り越える力としても有効だ。組織横断的、あるいは機能横断的なプロセスや組織内組織を率いるうえでも重視すべき能力だ。そこでは中心的能力として、吸収能力(Absorptive Capacity)と発信能力(Disseminative Capacity)の両方が重要とされる。

吸収能力とは、新しい情報や知識の価値を理解し、消化吸収し、それらを既存の組織の目標達成などのために活用することができる能力。他方、発信能力は、他の組織やネットワークが理解できるような形で自分たちに関する情報を発信し、広めることができる力である。

リーダーに求められる能力のなかでも特に、交渉力、外交的手腕、動機付けの力、異なったプロセスや文化を行き来する力、といったものが重要視される(Ernst & Chrobot-Mason：2010ほか)。

エコシステムとの接続を日常化するためには、こうした新しいリーダーシップの力を有する人材を積極的に経営レベルに登用してゆく、あるいはリーダー人材育成の焦点を新たにしてゆくことを検討すべきであろう。

個人としても組織としても新しいものに対して開かれた目を持ち、新たなものを吸収してゆく能力が磨かれるほどに、何と（どこと）どうつながるべきかを判断するための探索力を強めることになる。考えられる組み合わせ要素を増やしてイノベーションの可能性を高め、同時に目利きを養うことでイノベーションにおける不確実性の低減に結びつくと期待されるからだ。

4 シリコンバレーも深圳もない日本の企業にとって

米国のシリコンバレーや中国の深圳周辺地域など、イノベーションエコシステムと地域的集中が重なっているような地域は、残念ながら日本ではまだ見ることができない。そこで、そうした現実を踏まえ、ここではひとつ日本的とでも言えそうなアプローチを紹介してみよう。

図表20は、トヨタ自動車がシリコンバレーにある「空飛ぶタクシー」のベンチャーであるジョビー社に約430億円を出資するまでの流れを簡単に整理したものだ。

トヨタ自動車と三井住友銀行が出資者の中心となり、両社が「親しい企業」も出資者として名を連ねる企業連合で未来創生ファンド1号ファンドというVCファンドを組成した（運営者はスパークスグループ）。

そこには多くの親密企業がＬＰ（Limited Partner）として参加し、ファンドのマネージャーを通じ

図表 20 「日本型」接続アプローチの一例

「親密企業共同出資ＶＣファンド」による「接続」の例

トヨタが出資するジョビーが開発する「空飛ぶタクシー」

トヨタ自動車は 16 日、垂直離着陸する「空飛ぶタクシー」を開発する米スタートアップ、ジョビー・アビエーションに 3 億 9400 万ドル（約 430 億円）出資すると発表した。空飛ぶタクシーは都市の渋滞緩和などにつながるため、新たな移動手段として注目されている。トヨタは生産技術や電動化のノウハウをジョビーに供与し、機体の量産化で協業していく。

ジョビーは 2009 年に設立した。滑走路が不要で垂直に離着陸できる「VTOL」と呼ばれる機体の開発を進めており、空飛ぶタクシーサービスの提供を目指している。トヨタは 18 年 2 月、傘下のベンチャーキャピタルなどを通してジョビーに出資したが、本格的な協業に向け、本体からも出資することを決めた。

トヨタは今後、設計や素材、電動化の技術開発などで協力するほか、トヨタ生産方式（TPS）のノウハウをジョビーに導入する。品質とコストを両立した機体を実現し、早期の量産を目指す。

出資後、トヨタの友山茂樹副社長がジョビーの取締役に就任する予定だ。豊田章男社長は「今回の協業により、陸だけでなく空にも移動の自由と楽しさを届ける」とのコメントを出した

日本経済新聞 2020/1/16

「未来創生ファンド *」による先行（偵察）投資

- 未来創生 1 号ファンドから数億円の出資（リリースは 2018/2/2、金額は非公開につき推定)

▼

- そして、2 号ファンドから数十億円の出資（リリースは 2020/1/16、金額は非公開につき推定）
- トヨタ自動車の興味を推測できる情報あり。

＊未来創生ファンドは、トヨタ自動車と三井住友銀行が中心となったベンチャーファンドで運営者はスパークグループ。親密企業がＬＰなどで参加しており、運用資産残高は1号ファンド、2号ファンドをあわせ、1,000億円強（2020年1月末）。

出典） 日本経済新聞などをもとに編著者作成

ていくつかのテーマのもと世界中の有望な投資先を探索した。そのなかの一社がジョビー社で、この時点での投資金額は非公表ではあるが数億円といったレベルの少額であったと推定される。少額ながら投資を始めるとともに調査を始めたことになる。

同ファンドは５００億円の２号ファンドを設定することになるが、トヨタ自動車は同ベンチャー企業の推移を見守りながら、いわばアンテナをより高くして目利きをしながらより積極的に投資（推定では数十億円）をし、慎重にターゲット（ジョビー社）との「間合い」を詰めていったようだ。

ＶＣファンドの中心となる企業と単なる出資者との間には通常大きな情報格差が生まれるが、こうした「親密な」企業

による企業連合ファンドは参加企業にとってはＶＣへの出資という積極姿勢を（ステークホルダーに向けて）アピールする材料となるうえに、大型のファンドであればその運用を保守的に行うことで大きな損失を避けることもできよう。

そして、マネージャーが有能であれば、この案件のように選択的に投資を行いながらターゲットを見定めることで、リスク分散を図りつつベンチャーとのつながりを生み出すこともできる。

エコシステムとの地理的近接性によるメリットを享受できない多くの日本企業にとっては、こうした親密企業同士の企業連合によってリスク分散を図りながら探索力を増強してエコシステムとの接続を進めてゆくのも、アプローチの一つとして用意しておくのは悪くないだろう。

5　企業内イノベーターから企業をまたぐイノベーターへの進化

イノベーションエコシステムと言うと、ベンチャー企業と大企業が対立するような構図でイメージしてしまうことがあるかもしれないが、現実には大企業も重要なエコシステムを構成するプレーヤーである。

つまり、大企業は単純に自分の「ソト」であるエコシステムのプレーヤーから恩恵を受けることを期待するのではなく、自らもエコシステムに対して貢献することが求められている。それは、ベンチャービジネスに対する「出口」の提供だけではなく、大企業同士での人材や知財の相互拠出、共同事業化などいくつもの側面で考えることができる。

実際、今回の調査対象とさせていただいた企業内イノベーターの方々のなかにも通信会社との合弁会社を立ち上げ、そこのリーダーとなって新しい事業をスタートさせた実績を持つ方もいらっしゃるし、世界的なデジタル企業から多くの人材を一定期間「借りて」事業を進めるようなダイナミックな動きをリードされた方もいらっしゃる。

こうした事例を見ると、彼らがそのネットワークのなかにいる他の企業の企業内イノベーター精神(Intrapreneurship)をつなぎ合わせる活動が新たに生み出すイノベーションの可能性も、注目に値する。

彼らは、発想の広がりと実際の事業体を構想、構築する力を駆使して、お互いの企業の事情を深く理解し、補完的な経営資源を動員できるような相手を見つけ出してきている。つまり、企業内イノベーターの企業間ネットワークを構築することで、一企業だけではできないようなイノベーションへの取り組みを実現する可能性を創り出している。

われわれはこうした、自社を越えてイノベーションの可能性を探れるような、企業内イノベーター同士のネットワークを有する人材を、「企業をまたぐイノベーター」(*Interpreneurs*)と名付けている。前述の「境界拡張能力を実装した企業内イノベーター」と表現してもよかろう。

もちろん、こうした異なった企業間のネットワークの構築維持のためには、相互の企業の機密情報の取り扱いや企業文化の違いなど多くの現実的課題がある。ベンチャーに「出口」を提供するよりも複雑なプロセスに直面することもあるだろう。それだけに、ことさら起業家精神を持った人間同士が構想し実現に向けて努力を積み重ねる必要がある。

既述の「企業内イノベーター・プラットフォーム」は、一企業内でのイノベーターの再生産を目的とした仕組みである。例えば、そこで指摘したような入社10年前後までに獲得させたい経験値を与えられる機会がその企業内に見当たらないような場合に、他の企業に自社の人材を「貸し出して」経験を積ませ、その後自社に戻し自社のプラットフォームに再び乗せるような連携が複数企業間で行われるような発展形が想定できる。

こうした動きが複数企業間で行われ、各企業のプラットフォーム間で原則出入り自由の人材のやり取りが行われるようになると、本来の意味のプラットフォームに近づく。

もちろん、企業間の競合関係が限定的であるとか信頼関係が強固であるといったような条件が揃わない限り、こうしたことは実現・維持しにくいだろう。例えば、トヨタグループのような各社の事業上の利害がおおむね一致し、かつ歴史にもとづく信頼関係が強固であるような企業間では、人材の企業間の動きが活発である。

現在はほとんどはグループ会社→トヨタ自動車といった一方向の人材の流れのようであるし、必ずしもイノベーターの育成という目的とは限らないが、一定の年数人材を預かることによってその人材に元の企業では得られないような経験値を身に付けさせる意図がある。

こうした動きに企業内イノベーターの再生産という目的を掲げ、企業グループを挙げての人材育成に取り組むことができれば、さらにはこれを産業や事業を越えての動きに拡大できれば、そこで育てられた「企業をまたぐイノベーター」(*Interpreneurs*)が次世代の企業内イノベーターを育てるような好循環ができてくるかもしれない。

こうした企業同士の取り組みをさらに進めると、各企業のノンコアとされているような事業や分野の技術や技術者グループを「切り離し」、それらに力を入れている、あるいは入れようとしている他の企業に譲渡したり、トレードを成立させたりすることで相互の経営資源の活用とイノベーションを促進するような動きも想定できる。

例えば、総合商社は数多くの子会社や関係会社を抱えるが、各社独自の事業分野のフォーカスをより明確にするために、ある分野の子会社を事実上売却したり、他の商社と合弁事業化したりといった動きが見られつつある。経営効率や経営資源の有効活用を通じた事業と人材の再活性化などを重視すれば、日本企業だからできないということにはならないだろう。

たしかに、自前主義と抱え込み志向の強い多くの日本の製造業では、人員の移動を伴うこうした動きはごく一部にとどまり、なかなか広くは実現しにくいかもしれない。また、プロセスは非常に複雑になるかもしれない。

それでも、経営資源の効率を高めたり、優れた技術資源によるイノベーションを促進したり、エコシステムを拡張したりするうえでの一つの選択肢として、今後より積極的に取り組むことを検討する価値はあるのではないだろうか。

こうした未来志向の関係の基礎になるのは、やはり企業同士の信頼関係である。したがって、ここでも、信頼関係構築を担う経営リーダーとイノベーションを促進する企業内イノベーターとのシンクロが、カギを握ることになるだろう。

第7章 経営者の役割

1　ガーディアンのガーディアン

こうしたプラットフォームを構築・運営するうえで、経営トップはどのような役割を果たすべきであろうか。それは明快だ。企業の継続的イノベーションにとって不可欠な、ストラテジック・インテント、企業としてイノベーションを推進するという明確な意思表示とその組織への浸透がトップの最も重要な役割である。そして、そのためには、継続的にガーディアンとなる経営レベルの人材を見いださなければならない。

ガーディアンは、結果的に最もリスクをとらなくてはならなくなることもある立場である。そのようなガーディアンを守れるのは、経営トップしかいない。つまり、継続的な企業内イノベーションのためには、まずもってガーディアンを守り、再生産することがトップの大切な役割ということになる。

ただし、誰でもガーディアンになれるというわけではない。まずは、経営レベルの人材全体にイノベーションの基本的性格についての理解を徹底させ、企業としてのコミットメントを醸成しなければならない。そのうえで、ガーディアンが務まる人材を選び、経営レベルへ継続的に登用する。

その際には、できれば一人の役員に集中するのではなく複数の役員にガーディアンとしての役割を経験させることで疲弊を未然に防いだりリスク分散を図ったりすることにも配慮したい。そして、欠かせないのは、ガーディアンと経営トップとの信頼関係である。やはり、既述のように、2種類の信頼の両方を築くことが望ましい。

プラットフォームをどこに置くか

こうしたプラットフォームを企業の「どこに（プロセスや組織）」築くかによって、誰がどのように運営するか、プラットフォーム上の主なプレーヤーがどのような役割を果たすかは異なってくるかもしれない。

図表21に例示的に選択肢を示すが、タレントマネジメントの具体的運営方法や人材の評価をどこまで公開してゆくのかなどの判断が企業によって違うように、どのような具体的なデザインでイノベーター・プラットフォームを構築するかはそれぞれの企業の判断だ。

例えば、タレントマネジメントの一部として運営することも可能であろうし、イノベーション推進委員会のような場を新たに設定しそのなかで運営することも考えられる。また、先に挙げたオムロンのように、イノベーション推進専任部門を設け、現業との人材の流動性を確保したうえでこの部門そのものをプラットフォーム化するアプローチも選択肢として考えられる。

それぞれの設定によって経営トップの役割も多少変わってくる。設計上注意を要する点は、トップ

図表21　人事部門、機能・事業部門、経営レベル、トップのかかわり方
イノベーター・プラットフォームを「どこに」築くか（企業単独の場合）

イノベーター・プラットフォーム設置の主な「場」	主な役割			
	人事部門	機能・事業部門	経営レベル	トップ
通常の人事評価プロセス	評価基準の新設と管理	人事評価	人事部門からの報告	人事部門からの報告
タレントマネジメント	継続性と一貫性の管理	個別評価と議論・管理	個別議論への参加	機能・事業部門からの報告
専門の場（イノベーション委員会など）	議論への陪席と記録	「目利き」の参加と評価	運営主体	参加
専門組織	人事面でのサポート	人材の拠出と受け入れ	運営主体	密接に参加

出典）編著者作成

がどこまで個別の人事に関わるかであろう。

トップが企業内イノベーター個々人の育成に直接関与するのは、あまり現実的ではないだろう。企業内イノベーターの「旬」の年齢が40代であるとすれば、一般的にはトップとの接点も限られるだろう。ましてや入社10年未満の「覚醒」途上の若手を直接把握することは、日本企業ではあまり現実的ではなさそうだ。

経営リーダーの育成であれば、この年齢層の有望株を研修の形で集めてトップが直接「品定め」をすることは欧米企業の多くが実践しているが、「変わり者」であるイノベーター人材に関してトップが同じような密度のことができるか、すべきかどうかは疑問である。

ただ、既述のように若手の研修にプロファイリングの要素を強く持たせることにより、2次情報としてある程度の個別の把握は可能である。

また、「覚醒」といってもいきなり大きなプロ

ジェクトに挑戦するのはむしろまれであるので、プラットフォームがその企業のイノベーションへの挑戦の記録を蓄積することできれば、それらを通じて個別の人材を知り、必要に応じてトップがアクセスする機会を持つことはそう難しいことではないだろう。

あらゆる経営上・組織上の仕組みがそうであるように、こうした仕組みを作ると、やがてその仕組み自体が官僚化する危険性がある。イノベーションが盛んとされる企業では、トップと実績のあるイノベーターとの心理的距離が近いことが特徴の一つとされることもある。トップはその点を十分考慮したうえでプラットフォームの運営全体の柔軟性を維持することにも腐心する必要がある。

その一方で、「大物」のイノベーターになってくると、経営トップやそのレベルの人物との個人的な信頼関係で自社に残り力を発揮し続けている方も珍しくない。したがって、イノベーションプロジェクトの成果を見て、本物の企業内イノベーターだと判断したら、今度はそのイノベーター本人との信頼関係を築く。ただし、その際には、既述のように彼らは普通の幹部候補社員とは違うことを思い出していただきたい。彼らは、エリートではないが、余人をもって代えがたい人々だ。

人事評価制度だけでイノベーターは育たない

人事評価制度でこうしたイノベーターを育成しよう（できる）とする議論が散見されるが、それは安易すぎるだろう。例えば、減点主義がイノベーションの阻害要因として挙げられることがあるが、今回の調査、インタビューからはそれがイノベーターとしての覚醒や成長の阻害要因になるとは思えなかった。これらの一騎当千のイノベーターたちは、そのような人事的評価の仕組みなどで止まってしまうような「やわな」人材ではない。日ごろの減点を恐れて何もできないような人材には、所詮イノベーションなどはできないだろう。むしろ、こうした企業内イノベーターの多くの方が漠然と感じている報われない感じを少しでも和らげるための策を考える方がよい。潜在的なイノベーター人材から見ても、たとえ苦闘したとしても、それが報われるのであれば大いに刺激になる。

他方、加点主義はどうか。詳細な制度設計にもよるが、何をもって加点するかが重要だ。ただ、イノベーターたちは「変わっている」のだ。それがいったい加点要素になるのであろうか。制度として奨励するような（あるいは、周りの人たちが喜ぶような）小さな良いことを積み重ねていくことで評価されようとするような人材が、将来的に一騎当千の企業内イノベーターに覚醒していくとも、どうしても考えにくい。

もちろん、これら以外にも、成果主義など人事評価制度の選択肢はそれなりにある。だが、こつこつと評価を積み重ねてゆくことに達成感を見いだす人材が「リアル」企業内イノベーターとして覚醒してゆく姿は、どうしても描きにくいのだ。

2　ファスト・トラックと長期的視点

こうしたプラットフォームを明示的に造り維持してゆくのは、誰の役割であろうか。イノベーションを持ち味としてきた企業は、今回の調査が語るように、明示的に制度化しているかどうかは別にして、このような仕組みの狙うところが、結果的に企業文化のような形である程度まで機能してきたと見ることができる。

ただ、多くの日本企業について見れば、企業の持つ潜在的なイノベーションの力（つまりイノベーター人材の覚醒）を十分発揮してきたかというと、まだ相当にやれることが残っているのではないだろうか。仕組みとして長期間運営することで組織が「学習」し、やがて組織能力として定着し組織文化がそれを支えるまで成熟するという大きな流れを作り出したい。

このプラットフォームの見逃せない特徴の一つは時間軸である。これには二つの面がある。一つは、われわれがファスト・トラックと呼ぶ、社員に経験値を積ませるタイミングを思い切って前倒しにしてゆく人材育成アプローチである。くり返し指摘した通り、イノベーターを覚醒させるには入社後10年ほどの間に4大原則に沿ってどれほど「濃い」経験値を積ませるかが勝負である。

実際のところ、今回取り上げた4人の大物たちは、現在の年齢こそ40代から60歳近くまでばらつくものの、最もインパクトが大きかったと考えられるイノベーションを成し遂げたのは40代である。

これが企業内イノベーターとしての「旬」あるいは実務的な到達点だと見なすと、このゾーンで最も活躍できる人材を輩出することを想定しながらバックキャストするなら、可能性を見出した人材については、既存の多くの日本企業の人事制度が提供している経験値の蓄積のスピードよりかなり早い段階で前述のような経験値を積ませ、「覚醒」を促す必要がある。

図表22に一般的に日本の大企業、特に製造業企業の人事制度に見られる昇進パターンとスピードを示してみた。それに既述の企業内イノベーターのライフステージを重ねあわせている。もちろん企業によってある程度のばらつきはあるものの、多くの日本企業では、「管理職」という一人前のステー

図表22　ファストトラックと長期的視点

育成上の要諦はまずはファスト・トラック（Fast Track）づくり
―形成・覚醒期での「濃密で特別な」経験がなければその先は期待薄

一般的な日本企業の人事システムでの昇進のパターンとスピード（イメージ）

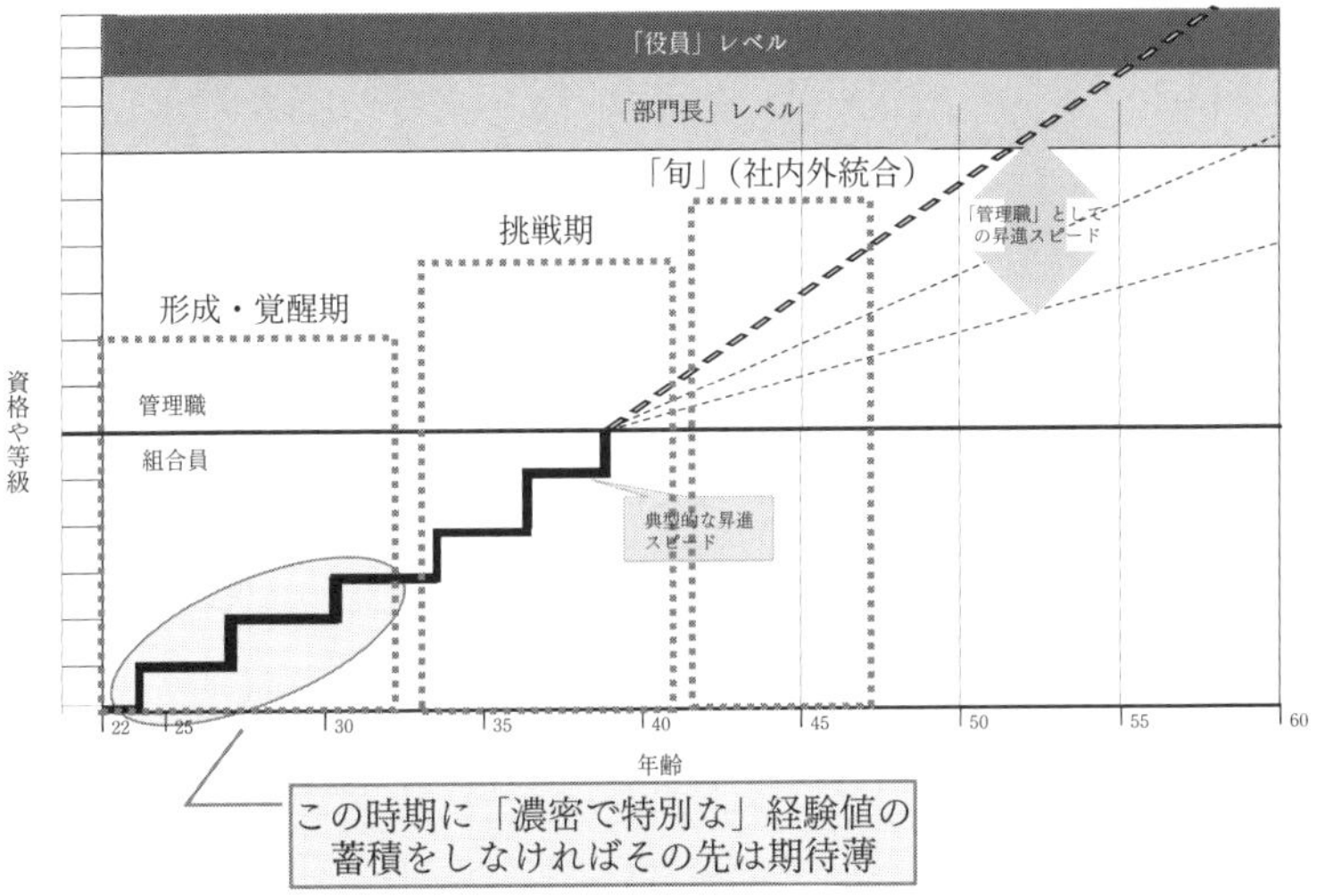

注）　多くは、「組合員」の期間には階段状の経験値の蓄積と昇進スピードをたどる
出典）　編著者作成

タスになるのは30代後半であろう。それから組織の力学や多様性のマネジメントなどを学び始めて一部の人材がその20年ほど後に役員などとなってゆくパターンは、概ね類似しているであろう。

しかし、その流れを図示してみると、イノベーターの覚醒にとって最も重要な最初の10年がいかに「半人前」扱いされているかが実感できるだろう。

もちろん、多くの企業では、この時期に複数部署のローテーションなどの制度を運営している。だが、この時期に先の4大原則を満たし、自由度を与えながら自分の判断や覚悟でとことん挑戦させるような経験値の濃密な積ませ方をさせているだろうか。少なくとも企業内イノベーターの育成のためには、「半人前で仕事を覚える時期」であってはならないのだ。

この形成・覚醒期に濃密な経験によって覚醒しない限り、次の挑戦期に進むことはないであろう。そして、ここで得た濃密な経験値こそが、覚醒したイノベーターをその後も支え続け、息の長いシリアルイノベーターたらしめる源にもなるのだ。

もう一つ時間軸が重要と考える点がある。それは、主役と脇役の分岐のタイミングだ。このプラットフォームは、主として主役となる人材の育成を念頭においたものだが、すでに比較分析したように、資質面では名脇役となる人材も多くは主役と共通の資質を有している。

したがって、資質を見極めたうえで、どこかで主役として育てるか名脇役として育てる、つまりグローバルレベルの専門性を身に付けさせ、さらにはデジタル技術分野の人脈を築かせるキャリアを歩ませるかなどの判断をすることが必要となる。

特に主としてデジタル技術分野の専門性や人脈づくりに関しては、前述のようにグローバルなイノベーションエコシステムのなかでは年齢的には30代前半、つまり企業でいえば入社10年ころを起業の旬と見るべきなので、有力な人脈を作らせようとすれば、それまでにそうした若き起業家と対等に語れるほどの経験を積ませなければならない。

そう考えると、戦略と社内（外）統合力を主たる武器とする主役として育てるか、グローバルレベルの専門性や社外人脈を武器にする名脇役としての経験を積ませるかは、現実的には入社7～8年目くらいまでには見極めるのが望ましいということになる。「管理職」になるはるか前に分岐点がある。

最後に特に強調したいのは、一見矛盾するようではあるが、長期的視点である。全体として見れば、これは20年以上をかけた人材育成である。人材に対して長期的にコミットする（終身雇用でなくてもよいが）という日本企業独自の強みの一つを発揮することができるはずの仕組みという点だ。必要に応じて即戦力を外部からとってくるという人材獲得ルートも今までよりは強化する一方で、やはりこうしたプラットフォームを構築してその企業独自のイノベーションを継続的に生み出してくれる人材を長期間かけて育成することは、しっかりと基軸に据えておきたい。

そして繰り返しにはなるが、企業はこうした企業内イノベーターに長期的に報いる処遇を明示的に用意すべきであろう。「正統的」経営リーダーとは違うかもしれない。だが、イノベーターに対する敬意を具体的に示すことは、次世代の（潜在的）イノベーターたちへのメッセージともなる。

ただ、インタビューでもたびたび指摘されているように、どうやら現実には多くの日本企業では企業内イノベーター育成にとっての順風が吹いているとはいえないようにも見える。組織のサイロ化、画一化の進む採用、中途半端な加点主義など。いったん立ち止まって、トップを交えて（理想的にはトップ自ら）このプラットフォームを自社のどこに誰が築けばよいかを真剣に検討されてみてはいかがだろうか。

おわりに

新型コロナウィルスの災禍が世界中を覆った。人類はまた未知のウィルスとの苛烈な闘いを続けなければならない。

この闘いは、人々の働き方や時間価値の概念にも大きな影響を与えるだろう。例えば、在宅での勤務に一定の価値を見いだした人々は仕事と家庭生活とのバランス感覚を変化させ、日本企業独特の、企業に対する従来の「忠誠心」を変質させてゆくだろう。

時間の価値についての理解も違ったものが求められてきそうだ。単純な労働時間管理が現実的に困難となれば、労働時間が当人の価値創出量の代替変数となるとのこれまでの暗黙の了解は崩れる。すると、例えば半日ごとに仕事の進捗物を提出し、直接的に価値産出量を申告するような形での「成果主義」による仕事の進め方（評価の仕方ではない）が求められるだろう。

個々人の成果を組織としての成果に有機的にかつ迅速に組み上げてゆくのが、管理者に求められる能力の最も重要なものとなってくる。

こうした、価値創出に対するより強い要求がなされてくると、本書で見てきたような企業内イノベーターの資質や経験値、役割が、すべての経営リーダー層にとってもより重要な要素となってくるかもしれない。

他方、企業によってはまったくその反対で、多くの従業員に対して従来型の勤怠管理が難しくなり仕事上の管理可能な要素が少なくなることに対して、別の方策で管理できるように「防衛」する動きをとるところも出てくるだろう。

例えば、個々の人材に関しての「予測可能性」を高める配属や配置だ。最もわかりやすいのは、できるだけ一つの組織内にとどまらせてその共通化された価値観や行動原理を徹底することだ。つまり、組織内組織のサイロ化、あるいは過度な標準化である。

さらには、グローバルに事業を展開する企業にとっては、今回のコロナ禍における世界各国の違いや国際間の移動の停止などを目の当たりにして、もはやローカルのなかでの事業展開を進めざるを得ない、人材のグローバルな動きを標準と考えることはもはやできない、と考えるようになってもそうおかしくはないだろう。だが、これらは、再三指摘してきたように、残念ながら企業内イノベーターづくりにとっては鬼門である。

多くの日本企業が前述の二つの方向のどちらを選んでゆくかは、的確には予測できない。企業経営としては、今回のコロナ禍によって、いわゆる企業としてのレジリアンス（回復力）をさらに強烈に意識し、できるだけ企業内のプロセスなどの標準化を進めることで情報伝達のスピードや浸透度を高めたほうが危機対応力としてはより望ましいと考えてもまったくおかしくはないからだ。本書で見てきたような、多様性を下敷きにする「変わり者」を再生産することにこれまで以上に躊躇することもあるだろう。

ただ、危機に対して「防衛する」ことばかりでは真にレジリアントな企業とは言えない。危機に対する防衛と将来に向けての新たな成長のチャンスを創造することの両方を可能とする組織にしてゆかなければならない。前者は組織と資源の疲弊を招く。そこからの回復（レジリアンス）のためには、その疲弊のなかからでも新たなチャンスを見いだすことのできる人材が不可欠である。厳しい防衛であるほどより強力な生み出す力、つまり企業内イノベーターが必要となる。

本書の調査はコロナ禍の前である。コロナ禍という世界的な悲劇を目の当たりにして、より希望の持てる未来を築くために、本書で提案した企業内イノベーターの必要性と重要性を一層強く感じていただけるものと信じている。

本書の提案はまだ、企業内イノベーターの育成・再生産にむけた検討のほんの入口かもしれない。今後本書での議論をきっかけとしてさらに深くかつ効果的な施策が考え出されることを強く期待している。本書での議論を、日本企業の賢明なる経営者の方々の未来づくりの参考の一つとして加えていただければこれに勝る光栄はない。

本書の出版にあたり、なによりもイノベーターズコンソーシアムに参加くださった企業の方々並びに詳細調査にご協力くださったイノベーターの方々にはお礼の言葉が思い当たらないほどに感謝申し上げている。コンソーシアムの準備段階から6社の企業の方々には率直な助言などをいただき、足掛け4年かけて15社の方々に本書で紹介した調査や分析に力を貸していただいた。企業名を明かすことができないのが大変残念ではあるが、貴重にして希少な情報をもとに本書の出版に力を貸していただいたことで、今後の多くの日本企業にとって真に役に立つ議論の出発点になることを心より願う次第である。

また、東京大学経済学研究科教授藤本隆宏氏、新宅純二郎氏には深く洞察に富むアドバイスを数多くいただいた。そもそも企業内イノベーターを育成する高等教育の必要性を主張し、新たな修士課程やコンソーシアムを立ち上げる構想を打ち出されたのは藤本教授であるし、その実現にむけ新宅教授にはなみなみならぬ尽力をいただいた。お二人抜きには本書はあり得なかった。

本書の出版にあたり、日経ＢＰ日本経済新聞出版本部の堀口祐介氏にも一方ならぬご尽力をいただいた。当初より、本書が日本企業のさらなる発展のために一石を投じようとする意図を理解してくださり、出版に向けての強力な後押しをしてくださった。ここに改めて感謝申し上げたい。

本書関連資料についての細部にわたる作業を快く引き受けてくれた田原佳代子氏にもこの場を借りてお礼を申し上げる。

幼い二人の孫を含めた家族のさりげない応援は、何事についても前向きにとらえる原動力となった。感謝したい。

二〇二一年二月

東京大学本郷キャンパスにて　半田純一

ベーションで強い企業を目指せ』日本経済新聞出版，2010).
山本聡 (2018)「中小製造業のM&Aと事業成長における企業家的情熱、使命感、やり抜く力」日本政策金融公庫論集 (39), 61-75, 2018-05.
山下辰夫・中村元一 (2001)『成功経営の法則―ジョンソン・エンド・ジョンソンのグローバル・スタンダード』ダイヤモンド社.
吉田健太郎編著 (2018)『Reverse Innovation of Japanese SMEs ―中小企業のリバース・イノベーション』同友館.
吉田雅彦 (2019)『日本における中堅・中小企業のオープンイノベーションとその支援組織の考察―人的ネットワークの観点から』専修大学出版局.

るための7つのステップ』翔泳社.
Tanner, D. (1997) *Total Creativity in Business & Industry*. Debono Thinking Systems.（岡本三宜・梶原莞爾訳『デュポンの創造性開発』日刊工業新聞社, 1998）.
立本博文 (2017)『プラットフォーム企業のグローバル戦略―オープン標準の戦略的活用とビジネス・エコシステム』有斐閣.
徳岡晃一郎 (2016)『未来を構想し、現実を変えていく イノベーターシップ』東洋経済新報社.
東京大学大学院経済学研究科イノベーターズ・コンソーシアム (2017, 2018, 2019, 2020) 議事録「イノベーターズ・コンソーシアムでの各社におけるイノベーションに対する取り組みに関する報告並びに討議」(非公開).
―― (2018) 報告書「社内イノベーター・プロファイリング中間まとめ」(非公開).
―― (2019) 報告書「社内イノベーター・プロファイリング最終報告」(非公開).
―― (2020) 報告書「イノベーターズ・コンソーシアム第二期 In-Depth インタビューまとめ」(非公開).
東京大学大学院経済学研究科 マネジメント専攻社内イノベーターコース（修士課程）関連の諸資料（各年）（一部非公開）.
氏家豊 (2016)『イノベーション・ドライバーズ― IoT 時代をリードする競争力構築の方法』白桃書房.
ウッザマン, A. (2013)『スタートアップ・バイブル―シリコンバレー流・ベンチャー企業のつくりかた』講談社.
Vecchio, R. P. (2003) "Entrepreneurship and leadership: Common trends and common threads," *Human Resource and Management Review,* 13(2).
一般財団法人ベンチャーエンタープライズセンター (2016, 2017, 2018, 2019)『ベンチャー白書／ベンチャービジネスに関する年次報告』.
Watson, Jr. T. J. (2003) *A Business and Its Beliefs: The Ideas That Helped Build IBM*. McGraw Hill.（朝尾直太訳『IBM を世界的企業にしたワトソン Jr. の言葉』英治出版, 2004）.
Weil, T. (2012) "Silicon Valley Stories," Berlussi, F., & Staber, U. (Eds.) (2012) *Routledge Studies in Innovation, Organization and Technology,* vol.19. NY: Routledge.
Whittaker, D. H., Byosiere, P., Momose, S., Morishita, T., Quince, T., & Higuchi, J. (2009) *Comparative Entrepreneurship: The UK, Japan, and the Shadow of Silicon Valley*. Oxford University Press.
Wolcott, R. C., & Lippitz, M. J. (2009) *Grow from Within: Mastering Corporate Entrepreneurship and Innovation*. McGraw Hill.（鳥山正博監訳／西宮久雄訳『ケロッグ経営大学院イノベーションネットワーク 社内起業成長戦略―連続的イノ

Senor, D., & Singer, S. (2009) *Start-up Nation: The story of Israel's Economic Miracle*. Grand Central Publishing.（『アップル、グーグル、マイクロソフトはなぜ、イスラエル企業を欲しがるのか？―イノベーションが次々に生まれる秘密』宮本喜一訳，ダイヤモンド社，2012）
Shane, S. (2003) *A general Theory of Entrepreneurship; The Individual- Opportunity Nexus*. Cheltenham, UK, and Northampton, MA, USA : Edward Elger.
―― (2010) *Born Entrepreneurs, Born Leaders: How Your Genes Affect Your Work Life*. New York, NY: Oxford University Press.
志賀敏宏 (2012)『イノベーションの創発プロセス研究』文眞堂 .
シーメンス (2019) 報道資料「フォルクスワーゲン、インダストリアルクラウドにてシーメンスとも協業」https://new.siemens.com/jp/ja/kigyou-jouhou/press/pr-vw-20190404.html
塩見治人・橘川武郎編 (2008)『日米企業のグローバル競争戦略―ニューエコノミーと「失われた十年」の再検証』名古屋大学出版会.
Silicon Valley Business Journal (2015) Silicon Valley's biggest tech employers. http://www.bizjournals.com/sanjose/subscriberonly/2015/06/06/technology-employers-in-silicon-valley.html
Simon, M., Houghton, S. M., & Gurney, J. (1999) "Succeeding at internal corporate venturing; Roles needed to balance autonomy and control," *Journal of Applied Management Studies,* 8(2).
Slater, R. (1999) *Saving Big Blue: Leadership Lessons and Turnaround Tactics of IBM's Lou Gerstner*. McGraw Hill.（宮本喜一訳『IBM を甦らせた男 ガースナー』日経 BP，2000）.
Srinivasan S. Pillay, M.D. (2011) *Your Brain and Business: The Neuroscience of Great Leaders*. FT Press.
Starup Genome (2019) Global Startup Ecosystem Report 2019. https://startupgenome.com/reports/g+D32lobal-startup-ecosystem-report-2019
Sternberg, R. J., & Lubart, T. I. (1999) "The Concept of Creativity: Prospects and Paradigm," *The handbook of creativity*. Cambridge: Cambridge University Press.
須田敏子編著 (2015)『「日本型」戦略の変化―経営戦略と人事戦略の補完性から探る』東洋経済新報社.
髙木晴夫 (2007)『トヨタはどうやってレクサスを創ったのか―"日本発世界へ"を実現したトヨタの組織能力』ダイヤモンド社.
高橋誠編著 (2002)『新編 創造力事典―日本人の創造力を開発する［創造技法］主要88技法を全網羅！』日科技連出版社.
Taleb, N.N. (2007) *The Black Swan*. Random House.
玉田俊平太 (2015)『日本のイノベーションのジレンマ―破壊的イノベーターにな

Stanford Business Books.（入山章栄監訳・解説／冨山和彦解説／渡部典子訳『両利きの経営―「二兎を追う」戦略が未来を切り拓く』東洋経済新報社，2019）.
Park, Y. W., & Hong, P. (2019) *Creative Innovative Firms from Japan: A Benchmark Inquiry into Firms from Three Rival Nations*. Springer Nature.
Perri, P., Goodwin, N., Peck, E., & Freeman, T (2006) *Managing Networks of Twenty-First Century Organization*. Palgrave Macmillan.
Pfeffer, J. (1992) *Managing With Power*. Harvard Business School Press.（奥村哲史訳『影響力のマネジメント』東洋経済新報社，2008）.
―― & Sutton, R.I. (2006) *Hard Facts, Dangerous Half-Truths And Total Nonsense*. Harvard Business Review Press.（清水勝彦訳『事実に基づいた経営―なぜ「当たり前」ができないのか？』東洋経済新報社，2009）.
Pink, D. H. (2005) *A Whole New Mind*. Riverhead Books.（大前研一訳『ハイ・コンセプト―「新しいこと」を考え出す人の時代』三笠書房，2006）.
Piscione, D. P. (2013) *Secrets of Silicon Valley*. New York: Palgrave Macmillan.
Porras, P., Emery, S., & Thompson, M. (2007) *Success Built to Last*. Plume.（宮本喜一訳『ビジョナリー・ピープル』英治出版，2007）.
Prahalad, C. K., & Krishnan, M. S. (2008) *The New Age of Innovation: Driving Cocreated Value Through Global Networks*. McGraw Hill.（有賀裕子訳『イノベーションの新時代』日本経済新聞出版，2009）
Ries, E. (2011) *The Lean Startup: How Today's Entrepreneurs Use Continuous Innovation to Create Radically Successful Businesses*. Currency.（伊藤穣一解説／井口耕二訳『リーンスタートアップ』日経 BP，2012）.
Rogers, E. M. (2003) *Diffusion of Innovations. 5th edition*. New York: Free Press.（三藤利雄訳『イノベーションの普及』翔泳社，2007）.
Saxenian, A. (1994) *Regional Advantage: Culture and Competition in Silicon Valley and Route 128*. Harvard University Press.（大前研一訳『現代の二都物語―なぜシリコンバレーは復活し、ボストン・ルート128は沈んだか』講談社，1995）.
Schmidt, E., & Rosenberg, J. (2014) *How Google Works*. Grand Central Publishing.（土方奈美訳『How Google Works―私たちの働き方とマネジメント』日本経済新聞出版，2014）
Schwab, K. (2017) *The Fourth Industrial Revolution*. Currency.（世界経済フォーラム訳『第四次産業革命―ダボス会議が予測する未来』日本経済新聞出版，2016）
Senge, P.M. (2006) *The Fifth Discipline: The Art & Practice of The Learning Organization*. Doubleday.（枝廣淳子・小田理一郎・中小路佳代子訳『学習する組織―システム思考で未来を創造する』英治出版，2011）.
妹尾堅一郎 (2009)『技術力で勝る日本が、なぜ事業で負けるのか―画期的な新製品が惨敗する理由』ダイヤモンド社.

Michalko, M. (1998) *Cracking Creativity: The Secrets of Creative Genius*. Ten Speed Press.

Miettinen, R. (2002) *Finnish national innovation system : from technology to the human capabilities*.（森勇治訳『フィンランドの国家イノベーションシステム―技術政策から能力開発政策への転換』新評論，2010）.

三木博幸著／藤本隆宏解説 (2020)『良い製品開発―実践的ものづくり現場学』日本経済新聞出版.

Mintzberg, H. (2004) *Managers Not MBAs*. Berrett-Koehler Publishers.（池村千秋訳『MBAが会社を滅ぼす―マネジャーの正しい育て方』日経BP，2006）.

―― (2007) *Calculated chaos : Mintzberg on strategy, management and leadership*.（DIAMONDハーバード・ビジネスレビュー編集部編訳『H. ミンツバーグ経営論』ダイヤモンド社，2007）.

宮本光晴 (2009)「なぜ日本型成果主義は生まれたのか」『日本労働研究雑誌』No585 https://www.jil.go.jp/institute/zassi/backnumber/2009/04/pdf/030-033.pdf

Moazed, A., & Johnson, N.L. (2016) *Modern Monopolies: What It Takes to Dominate the 21st-Century Economy*. St Martins Press.（藤原朝子訳『プラットフォーム革命―経営を支配するビジネスモデルはどう機能し、どう作られるのか』英治出版，2018）

中嶋靖 (1990)『レクサス／セルシオへの道程―最高を求めたクルマ人たち』ダイヤモンド社.

中村裕一郎 (2013)『アライアンス・イノベーション―大企業とベンチャー企業の提携：理論と実際』白桃書房.

The National Venture Capital Association (2020) PitchBook-NVCA Venture Monitor. https://nvca.org/wp-content/uploads/2020/10/Q3_2020_PitchBook_NVCA_Venture_Monitor.pdf

Nielsen, S. L., Klyver, K., Evald, M. R., & Bager, T. (2017) *Entrepreneurship in Theory and Practice: Paradox in Play second edition*. Cheltenham, UK, Northampton, MA, USA: Edward Elger.

野村俊郎 (2015)『トヨタの新興国車IMV―そのイノベーション戦略と組織』文眞堂.

Oden, H. W. (1997) *Managing Corporate Culture, Innovation, and Intrapreneurship*. Westport, Connecticut, London: Quorim Books.

OJTソリューションズ (2016)『トヨタの失敗学―「ミス」を「成果」に変える仕事術』KADOKAWA.

O'Reilly III, C. A., & Tushman, M. L. (1996) "Ambidextrous organizations: Managing evolutionary and revolutionary change," *California Management Review*.

―― (2016) *Lead and Disrupt: How to solve the innovator's dilemma*. California:

クスパートナーズ監訳／沢崎冬日訳『ジャック・ウェルチ リーダーシップ4つの条件―GE を最強企業に導いた人材輩出の秘密』ダイヤモンド社，2005）.
熊谷昭彦 (2016)『GE 変化の経営』ダイヤモンド社.
Kuratko, D. F., & Hoskinson, S. (Eds.) (2019) *The Challenges of Corporate Entrepreneurship in the Disruptive Age (Advances in the Study of Entrepreneurship,Innovation and Economic Growth)*. Emerald Publishing Limited.
Kurzweil, R. (2006) *The Singularity Is Near: When Humans Transcend Biology*. Penguin Books.（井上健監訳／小野木明恵・野中香方子・福田実訳『ポスト・ヒューマン誕生―コンピュータが人類の知性を超えるとき』NHK 出版，2007）
Laloux, F. (2014) *Reinventing Organizations*. Lightning Source Inc.（嘉村賢州解説／鈴木立哉訳『ティール組織―マネジメントの常識を覆す次世代型組織の出現』英治出版，2018）.
Laperche,B., Uzunidis, D., & Tunzelmann, N. V. (Eds.) (2008) *The Genesis of Innovation*. Edward Elgar.
Lashinsky, A. (2012) *Inside Apple:* Grand Central Publishing.
Leinwand, P., & Mainardi, C. R. (2016) *Strategy That Works: How Winning Companies Close the Strategy-to-Execution Gap*. Harvard Business Review Press.（PwC Strategy& 訳／アート・クライナー協力『なぜ良い戦略が利益に結びつかないのか』ダイヤモンド社，2016）.
李炳夏著／新宅純二郎監修 (2012)『サムスンの戦略人事―知られざる競争力の真実』日本経済新聞出版.
Liedtka, J., King, A., & Bennett, K. (2013) *Solving Problems With Design Thinking*. Columbia Business School Pub.
Liker, J. K. (2003) *The Toyota Way*. McGraw Hill.（稲垣公夫訳『ザ・トヨタウェイ』（上・下）日経 BP，2004）.
李智慧 (2018)『チャイナ・イノベーション―データを制する者は世界を制する』日経 BP.
Malone, M. S. (2014) *The Intel Trinity: How Robert Noyce, Gordon Moore, and Andy Grove Built the World's Most Important Company*. Harper Business.（土方奈美訳『インテル―世界で最も重要な会社の産業史』文藝春秋，2015）.
Mars, M. M., & Hoskinson, S. (2013) *A Cross-Disciplinary Primer on the Meaning and Principles of Innovation*. UK: Emerald Group Publishing Limited.
Matthews, C. H., & Brueggemann, R. (2015) *Innovation and Entrepreneurship: A Competency Framework*. Routledge.
Maurya, A. (2012) *Running Lean: Iterate from Plan A to a Plan That Works*. O'Reilly Media.（渡辺千賀解説／エリック・リース編／角征典訳『RUNNING LEAN ―実践リーンスタートアップ』オライリージャパン，2012）.

ss/2019/04/20190422006/20190422006.html
Keller, S., & Meaney, M. (2017) *Leading Organizations: Ten Timeless Truths*. Bloomsbury Business.
Kelley, T., & Littman, J. (2001) *The Art of Innovation*. Currency Doubleday.（鈴木主税・秀岡尚子訳『発想する会社！―世界最高のデザイン・ファーム IDEO に学ぶイノベーションの技法』早川書房，2002）.
―― (2005) *The Ten Faces of Innovation*. Currency Doubleday.（鈴木主税訳『イノベーションの達人！―発想する会社をつくる10の人材』早川書房，2006）.
木川大輔 (2016)「コーポレート・ベンチャーキャピタル投資は企業の目利き力を高めるか？」『VENTURE REVIEW』No.28, 2016.
Kim, W.C., & Mauborgne, R. (2015) *Blue Ocean Strategy*. Harvard Business Review Press.（入山章栄監訳／有賀裕子訳『［新版］ブルー・オーシャン戦略―競争のない世界を創造する』ダイヤモンド社，2015）.
木村壽男 (2020)『研究開発を変える―イノベーションによる成長戦略の実現』同友館.
岸本千佳司 (2018)「シリコンバレーのベンチャーエコシステムの発展：「システム」としての体系的理解を目指して」『AGI Working Paper Series 』Vol. 2018-03. 1-52.
小林英夫・岡崎哲二・米倉誠一郎・NHK 取材班 (1995)『「日本株式会社」の昭和史―官僚支配の構造』創元社.
小林三郎 (2012)『エアバッグ、アシモ、ホンダジェットはここから生まれた ホンダ イノベーションの神髄』日経 BP.
Kocienda, K. (2018) *Creative Selection: Inside Apple's Design Process During the Golden Age of Steve Jobs*. Macmillan.
小池和男・猪木武徳編著 (2002)『ホワイトカラーの人材形成―日米英独の比較』東洋経済新報社.
國領二郎 (1999)『オープン・アーキテクチャ戦略―ネットワーク時代の協働モデル』ダイヤモンド社.
近能善範・高井文子 (2011)『ライブラリ経営学コアテキスト⑫ コア・テキスト イノベーション・マネジメント』新世社.
Kotter, J. P. (1996) *Leading Change: An Action Plan from the World's Foremost Expert on Business Leadership*. Harvard Business School Press.（梅津祐良訳『企業変革力』日経 BP，2002）.
―― (1999) *What Leaders Really Do*. Harvard Business School Press.（DIAMOND ハーバード・ビジネス・レビュー編集部・黒田由貴子・有賀裕子訳『人と組織を動かす能力 リーダーシップ論［第2版］』ダイヤモンド社，2012）.
Krames, J.A. (2005) *Jack Welch and the 4e's of Leadership*. McGraw Hill.（ジェネッ

つくる実践ステップ』ダイヤモンド社.
井上久男 (2007)『トヨタ 愚直なる人づくり—知られざる究極の「強み」を探る』ダイヤモンド社.
INSEAD, WIPO, & Cornell SC Johnson College of Business (2017, 2018) "The Global Innovation Index 2017, 2018," https://www.globalinnovationindex.org/
石田秀輝・古川柳蔵 (2018)『正解のない難問を解決に導く バックキャスト思考』ワニブックス.
岩尾俊兵 (2019)『イノベーションを生む"改善"—自動車工場の改善活動と全社の組織設計』有斐閣.
Johnsen, H.C.G., & Ennals, R. (2012) *Creating Collaborative Advantage: Innovation and Knowledge Creation in Regional Economies*. Routledge.
Jones, P., & Kahaner, L. (1995) *Say It And Live It*. Currency Doubleday.
Jong, M. D., Marston, N., & Roth, E. (Nov. 2012) "The eight essentials of innovation," McKinsey survey of 2,500 global executives.
独立行政法人情報処理推進機構（IPA）IT人材育成本部編『IT人材白書（2017・2018)』.
鎌田富久 (2017)『テクノロジー・スタートアップが未来を創る—テック起業家をめざせ』東京大学出版会.
Kanter, R. M., Wiersema, F., & Kao, J. (1997) *Innovation: Breakthrough Ideas at 3M, DuPont, GE, Pfizer, and Rubbermaid*. Harper Business.（堀出一郎訳『イノベーション経営 3M、デュポン、GE、ファイザー、ラバーメイドに見る成功の条件』日経BP, 1998).
Karlgaard, R. (2014) *The Soft Edge: Where Great Companies Find Lasting Success*. Jossey-Bass.（野津智子訳『グレートカンパニー—優れた経営者が数字よりも大切にしている5つの条件』ダイヤモンド社, 2015).
公益社団法人経済同友会 (2009)「新・日本流経営の創造」『第16回企業白書』企業経営委員会 https://www.doyukai.or.jp/whitepaper/articles/no16.html
——（各年）各種委員会などにおけるイノベーション関連の報告ならびに討議（一部非公開).
経済産業省 (2018)「事業会社と研究開発型ベンチャー企業の連携のための手引き［第二版］」産業技術環境局 技術振興・大学連携推進課 https://www.meti.go.jp/press/2018/06/20180627005/20180627005.html
—— (2019)「企業におけるオープンイノベーションの現状と課題、方策について」未来投資会議構造改革徹底推進会合 https://www.kantei.go.jp/jp/singi/keizaisaisei/miraitoshikaigi/suishinkaigo2018/innov/dai4/siryou2.pdf
—— (2019)「事業会社と研究開発型ベンチャー企業の連携のための手引き［第三版］」産業技術環境局 技術振興・大学連携推進課 https://www.meti.go.jp/pre

半田純一 (2004)『100年企業の研究』東洋経済新報社.
―― (2018)「日本企業はどのようにしてイノベーションを活性化すべきか」『DIAMOND ハーバード・ビジネス・レビュー』電子版 (2018.8.20) https://www.dhbr.net/articles/-/5480
――・藤本隆宏 (2019)「21世紀のイノベーションと社内イノベーター育成：日本だからこそできるイノベーション・モデルとはどのようなものか」『世界経済評論』1月／2月号, 2019 Vol.63 No.1 pp.71-79, 国際貿易投資研究所.
Harari, Y. N. (2017) *Homo Deus: A Brief History of Tomorrow*. Harper. Perennial（柴田裕之訳『ホモ・デウス―テクノロジーとサピエンスの未来』〈上・下〉河出書房新社, 2018).
原山優子・氏家豊・出川通 (2009)『産業革新の源泉―ベンチャー企業が駆動するイノベーション・エコシステム』白桃書房.
Harvard Business Review (2003) *Managing Creativity and Innovation*. Harvard Business Review Press.
ハーバードビジネススクールなどの米・欧の主要ビジネススクールにおけるEntrepreneurship Education に関する諸資料（一部非公開).
Herrmann, N. (1996) *The Whole Brain Business Book*. McGraw Hill.（髙梨智弘監訳『ハーマンモデル―個人と組織の価値創造力開発』東洋経済新報社, 2000).
Herstatt, C., Stockstrom, C., Tschirky, H., & Nagahira, A. (2005) *Management of Technology and Innovation in Japan*. Springer.（長平彰夫監訳／松井憲一・名取隆・高橋修訳『日本企業のイノベーション・マネジメント』同友館, 2013).
Hill, L. A., Brandeau, G., Truelove, E., & Lineback, K. (2014) *Collective Genius: The Art and Practice of Leading Innovation*. Harvard Business Review Press.（黒輪篤嗣訳『ハーバード流　逆転のリーダーシップ』日本経済新聞出版, 2015).
Hill, L.A., & Lineback, K. (2011) *Being the Boss: The 3 Imperatives for Becoming a Great Leader*. Harvard Business Review Press.（有賀裕子訳『ハーバード流ボス養成講座―優れたリーダーの３要素』日本経済新聞出版, 2012).
一橋大学イノベーション研究センター編 (2001)『マネジメント・テキスト イノベーション・マネジメント入門』日本経済新聞出版.
ほぼ日刊イトイ新聞編 (2019)『岩田さん―岩田聡はこんなことを話していた。』ほぼ日.
Hornsby, J.S., Naffzigar, D.W., Kuratko, D.F., & Montagno, R. V. (1993) "An interactive model of corporate entrepreneurship process," *Entrepreneurship Theroy and Practice,* 17(2).
Horowitz, B. (2014) *The Hard Thing About Hard Things*. Harper Business.（滑川海彦・高橋信夫訳／小澤隆生日本語版序文『HARD THINGS』日経 BP, 2015).
星野達也 (2015)『オープン・イノベーションの教科書―社外の技術でビジネスを

福嶋路 (2019)「新規事業創造についての研究の系譜：社内ベンチャーとCVCについての研究動向」『研究年報経済学』77(1), 1-16.
Furukawa, R. (Eds.) (2019) *Lifestyle and Nature: Integrating Nature Technology to Sustainable Lifestyles*. Jenny Stanford Publishing.
ガートナー ジャパン株式会社 (2019) 報道資料「先進テクノロジのハイプ・サイクル：2019年」https://www.gartner.com/jp/newsroom/press-releases/pr-20190830
Gerstner, Jr., L. V. (2002) *Who Says Elephants Can't Dance?: Inside IBM's Historic Turnaround*. Harper Business.（山岡洋一・高遠裕子訳『巨象も踊る』日本経済新聞出版，2002).
Goffee, R., & Jones, G. (2015) *Why Should Anyone Be Led by You?*. Harvard Business Review Press.
ゴーフィー，R.・ジョーンズ，G.「共感のリーダーシップ：部下の力を引き出し、やる気にさせる」『DIAMONDハーバード・ビジネス・レビュー』2001年3月号，ダイヤモンド社.
Goleman, D., Boyatzis, R.E., & McKee, A. (2013) *Primal Leadership*. Harvard Business Review Press.（土屋京子訳『EQ　リーダーシップ─成功する人の「こころの知能指数」の活かし方』日本経済新聞出版，2002).
──，Dell, B., & House, R. (1995) *Emotional Intelligence*. HBR Press. Boyatzis, R., & McKee, A. (2005) *Resonant Leadership*. Harvard Business School Press.（田中健介訳『実践EQ　人と組織を活かす鉄則─「共鳴」で高業績チームをつくる』日本経済新聞出版，2006).
Gosling, J., & Mintsberg, H. (2004) "Five Minds of a Manager," *Diamond Harvard Business Review,* March 2004.
Graham, D., & Bachmann, T. (2004) *Ideation: The Birth and Death of Ideas*. Wiley.
Greenberg, E., Hirt, M., & Smit, S. (2017) The global forces inspiring a new narrative of progress. *McKinsey Quarterly,* April 2017.
Greenleaf, R. K., & Spears, L. C.(Eds.) (2002) *Servant Leadership*. Paulist Press.（金井壽宏監訳／金井真弓訳『サーバントリーダーシップ』英治出版，2008).
Griffin, A., Price, R.L., & Vojak, B. (2012) *Serial Innovators: How Individuals Create and Deliver Breakthrough Innovations in Mature Firms*. Stanford Business Books.（市川文子・田村大監訳／東方雅美訳『シリアル・イノベーター──「非シリコンバレー型」イノベーションの流儀』プレジデント社，2014).
グジバチ，P. F. (2018)『ニューエリート─グーグル流・新しい価値を生み出し世界を変える人たち』大和書房.
Hamel, G., & Prahalad, C. K. (1994) *Competing for the Future*. Harvard Business School Press.（一條和生訳『コア・コンピタンス経営─大競争時代を勝ち抜く戦略』日本経済新聞出版，1995).

Harper Collins.（上田惇生訳『イノベーションと企業家精神［エッセンシャル版］』ダイヤモンド社，2015）.
—— (2008) *The Essential Drucker.* Harper Business.
Ernst, C., & Chrobot-Mason, D. (2010) *Boundary Spanning Leadership: Six Practices for Solving Problems, Driving Innovation, and Transforming Organizations.* New York: McGraw Hill.（加藤雅則解説／三木俊哉訳『組織の壁を越える―「バウンダリー・スパニング」6つの実践』英治出版，2018）.
Fayolle, A. (2003) "Research and researchers at the heart of entrepreneurial situation, new movements," Steyaert, C., & Hjorth, D. (Eds.) (2003) *New Movement in Entrepreneurship. Cheltenham,* UK & Northampton, MA, USA: Edwards Elger.
Finkelstein, S. (2003) *Why Smart Executives Fail: And What You Can Learn from Their Mistakes.* Portfolio Hardcover.（橋口寛監訳／酒井泰介訳『名経営者が、なぜ失敗するのか？』日経BP，2004）.
藤本隆宏 (2003)『能力構築競争―日本の自動車産業はなぜ強いのか』中央公論新社（中公新書）(Fujimoto, T., & Miller, B. (2007) *Competing to Be Really, Really Good: The Behind the Scenes Drama of Capability-Building Competition in the Automobile Industry.* International House of Japan).
—— (2004)『日本のもの造り哲学』日本経済新聞出版.
——編 (2013)『「人工物」複雑化の時代―設計立国日本の産業競争力』有斐閣.
—— (2017)『現場から見上げる企業戦略論―デジタル時代にも日本に勝機はある』KADOKAWA（角川新書）.
Fujimoto, T. "Problem-solving Capabilities of Organizations Supporting Product Development," *Diamond Harvard Business Review,* December 1988, January 1999.（藤本隆宏「製品開発を支える組織の問題解決能力：能力構築競争の新展開」『DIAMONDハーバード・ビジネス・レビュー』1998年1月号，ダイヤモンド社）.
——・クラーク，K. B. (2009)『［増補版］製品開発力―自動車産業の「組織能力」と「競争力」の研究』田村明比古訳，ダイヤモンド社.
——・新宅純二郎・青島矢一編著 (2015)『日本のものづくりの底力』東洋経済新報社.
——・武石彰・青島矢一編 (2001)『ビジネス・アーキテクチャ―製品・組織・プロセスの戦略的設計』有斐閣.
Fujimoto, T., & Ikuine, F. (2018) *Industrial Competitiveness and Design Evolution.* Springer.
藤村幸義・雷海涛編著／日本日中関係学会協力 (2019)『飛躍するチャイナ・イノベーション――中国ビジネス成功のアイデア10』中央経済社.

——, Dotter, S., & Noel, J. (2001) *The Leadership Pipeline*. Jossey-Bass A Wiley Imprint.（グロービス・マネジメント・インスティテュート訳『リーダーを育てる会社 つぶす会社』英治出版，2004）.

Chesbrough, H.W. (2003) *Open Innovation: The New Imperative for Creating and Profiting from Technology*. Harvard Business Review Press.（大前恵一朗訳『OPEN INNOVATION ―ハーバード流イノベーション戦略のすべて』産業能率大学出版部，2004）.

Christensen, C.M. (1997) *The Innovator's Dilemma*. Harvard Business Review Press.（玉田俊平太監修／伊豆原弓訳『イノベーションのジレンマ［増補改訂版］』翔泳社，2001）.

—— (2002) *INNOVATION AND THE GENERAL MANAGER*. McGraw Hill Inc.

——, Anthony, S. D., & Roth, E. A. (2004) *Seeing What's Next: Using the Theories of Innovation to Predict Industry Change*. Harvard Business Review Press.（玉田俊平太解説／櫻井祐子訳『イノベーションの最終解』翔泳社，2014）.

——, Dyer, J., & Gregersen, H. (2011) *The Innovator's DNA*. Harvard Business Review Press.（櫻井祐子訳『イノベーションのDNA ―破壊的イノベータの5つのスキル』翔泳社，2012）.

—— & Raynor, M.E. (2013) *The Innovator's Solution*. Harvard Business Review Press.（玉田俊平太監修／櫻井祐子訳『イノベーションへの解―利益ある成長に向けて』翔泳社，2003）.

Cohen, A.R., & Bradford, D.L. (2017) *Influence Without Authority*. Wiley.（高嶋成豪・高嶋薫訳『影響力の法則―現代組織を生き抜くバイブル』税務経理協会，2007）.

Collins, J. C. (2001) *Good to Great*. Harper Business.（山岡洋一訳『ビジョナリーカンパニー 2―飛躍の法則』日経BP）.

—— & Porras, J. T. (1994) *Built to Last*. New York: Century.（山岡洋一訳『ビジョナリーカンパニー』日経BP，1995）.

Covey, S.R. (1991) *Principle Centered Leadership*. Summit Books.（フランクリン・コヴィー・ジャパン訳『7つの習慣　原則中心リーダーシップ』キングベアー出版，2016）.

Cusumano, M.A., Gawer, A., & Yoffie, D.B. (2019) *The Business of Platforms*. Harper Business.

Daft, R. L. (2000) *Essentials of Organization Theory & Design*. South-Western Pub.（高木晴夫訳『組織の経営学―戦略と意思決定を支える』ダイヤモンド社，2002）

ドラッカー，P. F. (2000)『チェンジ・リーダーの条件―みずから変化をつくり出せ！』上田惇生編訳，ダイヤモンド社.

Drucker, P.F. (1985) *Innovation and Entrepreneurship: Practice and Principles*.

Hill.

Bladine Laperche, Dimitri Uzunidis, Nick von Tunzelmann (Eds.) (2008) "The Genesis of Innovation," Edward Elgar, John Sibley Batler, David V. Gibson (2011) "Global perspectives on Technology Transfer and Commecialization," Edward Elgar.

Blanchard, K., Zigarmi, P., & Zigarmi, D. (1999) *Leadership and the One Minute Manager: Increasing Effectiveness Through Situational Leadership*. New York: William Morrow.（小林薫訳『1分間リーダーシップ――能力とヤル気に即した4つの実戦指導法』ダイヤモンド社，1985）.

Blanding, M. (2012) "Collaborating across cultures," *HBS Working knowledge*. https://hbswk.hbs.edu/item/collaborating-across-cultures.

Bono, E. D. (1999) *Six Thinking Hats*. Back Bay Books. http://www.debonogroup.com/six_thinking_hats.php.

Browne, M.N., & Keeley, S.M. (2006) *Asking the Right Questions: A Guide to Critical Thinking*. Prentice Hall.

Buchmann, T. (2015) *The Evolution of Innovation Networks: An Automotive Case Study*. Springer Gabler.

Buderi, R. (2000) *Engines of Tomorrow : How the World's Best Companies Are Using Their Research Labs to Win the Future*. Simon & Schuster.（山岡洋一・田中志ほり訳『世界最強企業の研究戦略』日本経済新聞出版，2001）.

Buzan, T., & Buzan, B. (1994). *The Mind Map Book*. Dutton Adult.（神田昌典訳『ザ・マインドマップ』ダイヤモンド社，2005）.

Cameron, E., & Green, M. (2019) *Making Sense of Change Management*. Kogan Page.

Carey, D.C., & Von Weichs, M-C. (2003) *How to Run a Company: Lessons from Top Leaders of the CEO Academy*. Crown Business.（鈴木主税・桃井緑美子訳『CEOアカデミー―最高の経営者たちが教える企業運営の極意』日本経済新聞出版，2004）

Catmull, E., & Wallace, A. (2014) *Creativity, Inc.: Overcoming the Unseen Forces That Stand in the Way of True Inspiration*. Random House Canada.（石原薫訳『ピクサー流 創造するちから』ダイヤモンド社，2014）.

Chandler, A. D., Jr. (1969) *Strategy and Structure: Chapters in the History of the American Industrial Enterprise*. Cambridge, MIT Press.（有賀裕子訳『組織は戦略に従う』ダイヤモンド社，2004）.

Charan, R. (2007) *Leaders at All Levels: Deepening Your Talent Pool to Solve the Succession Crisis*. Jossey-Bass.（石原薫訳『CEOを育てる―常勝企業の経営者選抜育成プログラム』ダイヤモンド社，2009）.

参考文献

Adner, R. (2012) *The Wide Lens: A New Strategy for Innovation*. Penguin group inc.

Ajzen, I. (1991) "The theory of planned behavior," *Organizational Behavior and Human Decision Processes*, 50(2), 179–211.

Andriani, P., Biotto, G., & Ghezzi, D. M. (2012) "The Emergence of Trust-Based Knowledge Ecosystem," Berlussi, F., & Staber, U. (Eds.) (2012) *Managing Network of Creativity, Routledge Studies in Innovation, Organization and Technology*, vol.19. NY: Routledge.

Badaracco, J. L. (2002) *Leading Quietly*. Harvard Business Review Press.（髙木晴夫監修／渡邊有貴解説／夏里尚子訳『静かなリーダーシップ』翔泳社，2002).

Baghai, M., Coley, S., & White, D. (2000) *The Alchemy of Growth: Practical Insights for Building the Enduring Enterprise*. Basic Books.

Baldwin, C. Y., & Clark, K. B. (2000) *Design Rules: The Power of Modularity*. Cambridge, MA: MIT Press.（安藤晴彦訳『デザイン・ルール―モジュール化パワー』東洋経済新報社，2004）

Banholzer, M., & Roth, E. (2018) "Fielding high-performing innovation teams," McKinsey & Company: https://bobmorris.biz/fielding-high-performing-innovation-teams.

Bartlett, C. A., & Ghoshal, S. (2002) *Managing Across Borders: The Transnational Solution*. Harvard Business School Press.

Batler, J. S., & Gibson,D.V. (2011) *Global perspectives on Technology Transfer and Commecialization*.Edward Elgar.（吉原英樹監訳『地球市場時代の企業戦略―トランスナショナル・マネジメントの構築』日本経済新聞出版，1990）

Bennis, W.G. (2009) *On Becoming a Leader*. Basic Books.（伊東奈美子訳『リーダーになる［増補改訂版］』海と月社，2008).

—— & Nanus, B. (2007) *Leaders: Strategies for Taking Charge*. Harper Business.

—— & Thomas, R. J. (2002) *Geeks and Geezers: How Era, Values and Defining Moments Shape Leaders*. Harvard Business School Press.（斎藤彰悟監訳／平野和子訳『こうしてリーダーはつくられる』ダイヤモンド社，2003).

Berger, S. (2005) *How We Compete: What Companies Around the World Are Doing to Make it in Today's Global Economy*. Crown Business.（楡井浩一訳『MIT チームの調査研究によるグローバル企業の成功戦略』草思社，2006).

Berlussi, F., & Staber, U. (Eds.) (2012) *Managing Network of Creativity, Routledge Studies in Innovation, Organization and Technology*, vol.19. NY: Routledge.

Biech, E. (1996) *The ASTD Trainer's Sourcebook:Creativity & Innovation*. McGraw

【編著者略歴】

半田 純一（はんだ・じゅんいち）

東京大学大学院経済学研究科特任教授。東京大学グローバルリーダー育成プログラム（GLP/GEfIL）推進室兼任。

1988年から17年間にわたって、マッキンゼー、A.T. カーニーなどの米系グローバルコンサルティングファームにて経営コンサルティングとその経営に従事。コンサルタントとしては、日・米・欧の多くの産業・企業において戦略からイノベーション、サプライチェーン、組織・人事に至るまで広範な領域での支援を行う。また、グローバルなパートナー候補評価委員などの役職も歴任。その後、企業のリーダー育成に力点を置いた自らのコンサルティング会社を起業。

2013年からは、武田薬品工業コーポレートオフィサー人事部長として同社の企業変革を率いるメンバーの一人となる。2016年4月より現職。業界トップ企業の社外取締役も拝任している。

経済同友会会員。幹事として活動していた時期には、諮問委員会委員、経済連携委員会副委員長、企業経営委員会副委員長などをつとめた。また、これまで教員として早稲田大学大学院客員教授、明治学院大学客員教授、横浜国立大学経営学部非常勤講師など。

主たる著作として、『100年企業の研究』（東洋経済新報社、2004）、『IT マネジメント』（共著、東洋経済新報社、1999）など。両書とも韓国語に翻訳出版。また、経済同友会の企業白書「新・日本流経営の創造」（日・英、2009）の共同主執筆者。その他、論文、講演、国際会議の議長など多数。

ハーバード大学経営学大学院修了（MBA）、東京大学社会学科卒。

リアル企業内イノベーター

2021年3月17日　　1版1刷

編著者　半田　純一

発行者　白石　賢

発　行　日経BP
日本経済新聞出版本部

発　売　日経BPマーケティング
〒105-8308　東京都港区虎ノ門4-3-12

DTP　CAPS

印刷・製本　シナノ印刷

Printed in Japan　ISBN978-4-532-32394-3